Hermann Hesse, Erzähler, Lyriker und zeitkritischer Essayist, am 2. 7. 1877 in Calw/Württemberg als Sohn eines baltischen Missionars und der Tochter eines schwäbischen Indologen geboren, 1946 ausgezeichnet mit dem Nobelpreis für Literatur, starb am 9. 8. 1962 in Montagnola bei Lugano. Seine Bücher sind mittlerweile in einer Auflage von ca. 90 Millionen Exemplaren verbreitet und haben ihn zum meistgelesenen europäischen Autor u. a. in den USA und Japan gemacht.

Nicht nur Ingenieure und Techniker, auch Künstler sind Spezialisten in der Fertigkeit, die Trägheit der Masse zu beflügeln, und manchem von ihnen sind die praktischen Versuche, die Schwerkraft zu überwinden, ebenso willkommen und vertraut wie die artistischen und so wahlverwandt, wie sie es für Hermann Hesse waren.

Zu den ersten Dichtern, die von der Aufhebung der Gravitation und vom Fliegen nicht nur geträumt, sondern es bereits in der Pionierzeit der Luftfahrt ausprobiert haben, gehört Hermann Hesse. In drei Erlebnisberichten aus den Jahren 1911, 1913 und 1928 über Flüge mit dem Zeppelin, im zweisitzigen Eindecker und in einem der ersten Passagierflugzeuge der 1926 gegründeten Deutschen Lufthansa hat Hesse seine Eindrücke geschildert. Der Reiz solcher Aufzeichnungen liegt darin, daß heute, wo das Fliegen ebenso selbstverständlich ist wie das Autofahren, Telefonieren oder Fernsehen, darüber mit dem Erstaunen des noch Ungewohnten und einem Blick für Einzelheiten berichtet wird, der noch nicht abgestumpft ist durch die Gewohnheit.

In seinem Nachwort schildert der Herausgeber anhand von Briefen und Selbstzeugnissen des Dichters, was Hesse am Fliegen reizte, also die Umstände und Antriebe, sich schon so früh auf das Grenzen überschreitende Abenteuer der Luftfahrt einzulassen.

insel taschenbuch 1604

Hermann Hesse

Luftreisen

Das Zeppelin-Luftschiff, 1936.

Hermann Hesse
Luftreisen

Herausgegeben
von Volker Michels

Insel Verlag

Umschlagabbildung:
Roman Bohn, Darmstadt

insel taschenbuch 1604
Erste Auflage 1994

Vertrieb durch den Suhrkamp Taschenbuch Verlag
Umschlag nach Entwürfen von Willy Fleckhaus
Satz: Satz-Offizin Hümmer GmbH, Waldbüttelbrunn
Druck: Nomos Verlagsgesellschaft, Baden-Baden
Printed in Germany

1 2 3 4 5 6 – 99 98 97 96 95 94

Inhalt

Spazierfahrt in der Luft
9

Wolken
21

Weiße Wolken
25

Im Flugzeug
27

Fahrt im Aeroplan
43

Luftreise
45

Volker Michels
»Und alle Nähe ist versunken . . .«
Hermann Hesse im Flugzeug
57

Quellennachweis
85

Spazierfahrt in der Luft

Man wird älter, und der Kreis dessen, was man von außen an Bereicherung, Freude und neuen Vergnügungen erwartet, zieht sich enger zusammen. Zu den Freuden und neuen Erfahrungen, auf die ich mich seit Jahren freute, und von denen ich mir besonders starke und schöne Eindrücke versprach, gehörte das Fahren in einem Luftschiff. Und nun liegt auch diese Erfahrung und Freude, die ich noch fern glaubte, schon hinter mir und ist Vergangenheit geworden.

Ich saß bei Büchern und studierte Sprachen für meine nächste Reise, als dieser Tage der Postbote einen Brief aus Friedrichshafen brachte, der mich zu einer Fahrt im neuen Luftschiff »Schwaben« einlud. Der Brief war lange unterwegs gewesen, und wäre er zwanzig Minuten später gekommen, so hätte ich seiner Einladung nicht mehr folgen können, denn das Luftschiff sollte nur noch den nächsten Tag am See bleiben, und in einer halben Stunde ging das letzte Schiff, mit dem ich Friedrichshafen noch erreichen konnte.

Ich segnete die Post, die täglich so viel Unnützes bringt und nun auch einmal im Guten sich bewährte, und bei brennender Hitze eilte ich, wie ich war, sofort zum Dampfschiff, erreichte in Konstanz den letzten Anschluß und fuhr an Meersburg und den schönen abendlichen Ufern vorüber durch die lange Dämmerung nach Friedrichshafen. Im ersten besten kleinen Gasthof bekam ich ein ordentliches und wohlfeiles Zimmer und war dadurch angenehm enttäuscht, denn man hatte mir erzählt, Friedrichshafen sei neuerdings unheimlich elegant und teuer geworden. Bald darauf, beim nächtlichen Schlendern durch das kleine alte Städtchen, sah ich nun allerdings an Neubauten und zweifelhaften Verschönerungen, daß immerhin ein bißchen Wahrheit in jenen Berichten gewesen war. Auch war großer Abendbetrieb in den Hotelgärten, und beim Kurhause ging es mit Militärmusik und Gesellschaft großartig her. Der alte Graf hatte eine große Offiziersgesellschaft eingeladen, und es war nicht leicht und kostete mehr als eine Stunde und mehr als ein Trinkgeld, bis es mir möglich wurde, jemand von der Zeppelingesellschaft zu finden und zu erfahren, ob und wann das Luftschiff morgen fahren werde. Dann hatte ich meinen Bescheid, zog mich zurück und sah im stillen noch eine Weile mit Vergnügen dem farbigfrohen Gartenleben zu. Ein Tourist zog mich ins Gespräch, und wir redeten, wie das in Friedrichshafen unvermeidlich ist, vom Grafen

Zeppelin und von seinen Luftschiffen. Dabei kamen wir auch auf die Angriffe zu sprechen, die Harden gegen den Grafen gerichtet hat, das heißt, der Fremde sprach davon, und ich hörte zu, denn ich verstehe von technischen Dingen recht wenig. Doch sah ich mir anderntags einen der Hardenschen Artikel näher an und war geneigt, ihn nicht ganz ernst zu nehmen, da er offenbar im einzelnen manche Irrtümer zu hegen schien. Unter anderm scheint er der Ansicht zu sein, die Luftschiffhüllen Zeppelins seien immer noch, wie vor Jahren, aus Aluminium, und er führt die Aluminiumhülle eigens als ein Beweisstück an, während doch die neueren Luftschiffe Hüllen aus Seidenstoff haben. Indessen mag es dahingestellt sein, wie weit diese Irrtümer gehen: mich gehen sie nichts an, und ich hatte meinen Spaß an dem Touristen, der zu den Leuten gehörte, die aus Mangel an einer eigenen Meinung sich der Gründlichkeit hingeben. Er wußte jede Kleinigkeit zu nennen, die für Harden sprach, und jede, die dem Grafen zugute kam, und so ging seine Belehrung mit »einerseits« und »anderseits«, mit »trotzdem« und »hingegen« weiter wie die Kritik eines fleißigen Rezensenten, der nicht Geschmack und Persönlichkeit genug hat, um ein Buch mit Klarheit zu loben oder zu tadeln, und statt dessen mit Vorsicht und viel

Kenntnissen zwischen Ja und Nein hin und wider schwimmt.

Am Schlusse bekannte sich indessen der Fremde wenigstens ehrlich und eindeutig zu dem sehnlichen Wunsche, einmal in einem solchen Luftschiffe fahren zu dürfen, und seufzte resigniert darüber, daß dies einstweilen nur hohen Herrschaften oder reichen Leuten möglich sei. Da war es nun an mir, mich überlegen und bedeutend zu fühlen, und ich tat es auch, doch ohne dem Manne zu sagen, daß ich selber morgen im ›Zeppelin‹ werde fahren dürfen. Ich wollte ihn nicht ohne Not neidisch machen, und auch dem Geschick nicht vorgreifen, denn im stillen mißtraute ich immer noch und war darauf gefaßt, daß möglicherweise Wetter und andre Umstände mich doch noch um die Fahrt betrügen könnten. Als ich indessen am nächsten Sonntagmorgen, nach Möglichkeit gebürstet und geglättet, auf der in aller Frühe schon heißen Fahrstraße zur Ballonhalle hinauswanderte, schnurrte über mir schon prächtig das Riesenspielzeug dahin, von seiner ersten Frühfahrt zurückgekehrt, und es war ein merkwürdig erregender Anblick, auf dem weiten, mit sonntäglichen Gästen erfüllten Felde das Ungeheuer niedersinken und endlich gefesselt zu sehen.

Das Luftschiff »Schwaben« über dem Flugfeld von Friedrichshafen am Bodensee.

Es dauerte nicht lange, so konnten wir einsteigen, eine bequeme kleine Holztreppe hinan, und merkwürdigerweise war dabei gar kein neues und fremdes Gefühl, weder Erregung nach Bangen, sondern es war die einfachste und vergnüglichste Sache von der Welt, da einzusteigen und in der eleganten, luftigen Kabine auf den behaglichen Rohrstühlen Platz zu nehmen, wo man saß wie in einem sehr bequemen Speise- oder Aussichtswagen. Die Arbeiter waren emsig an den Seilen beschäftigt, die vielen Zuschauer drängten sich neugierig um das Schiff, Touristen mit Gemsbärten am Hut und sonntägliche Radfahrer betrachteten sich das Ereignis, und wir Passagiere saßen stolz und kühl in unsrer Kabine. Die Sonne brannte freudig auf den dürren Rasen und flimmerte auf den weiten See, gerade vor mir standen zwei Offiziere, die die letzte Fahrt mitgemacht hatten, und ihre Epauletten blitzten in der Sonne.

Aber plötzlich stieg das Schiff empor, und die beiden Offiziere wurden klein und begannen merkwürdig auszusehen, am Ende sah ich von ihnen nichts mehr als die runde Oberfläche der Mützen, die blanken Achselstücke und darunter die Spitzen der Schuhe, und als ich rasch aufstehend mich über die Brüstung beugte, entwich unter uns die Erde und ich hatte vom ersten Augenblick an nicht mehr das Gefühl, etwas mit ihr zu tun zu haben und zu ihr zu gehören. Die Menschenmenge wurde klein und komisch, die Stadt Friedrichshafen wurde erstaunlich übersichtlich und niedlich, auch die riesige Ballonhalle sank zu einem belanglosen Fleck zusammen. Dafür aber ging uns das Reich der Lüfte auf, und die Welt wurde erstaunlich groß und weit, wir sahen nahe und ferne Städte still um den See stehen, der auch an Größe verlor, und die großen Zusammenhänge der Landschaft, die Formen der Ufer, das Niedersinken der Berge von den Arlberger und Graubündner Alpen über die Vorberge und Uferhügel hinweg wurden klar, der Rhein war keine Vedute mehr, sondern in seiner Größe, Bedeutung und Geschichte zu übersehen, weit hinauf, und bis zur Mauer der hohen Gebirge hin ordnete sich und klärte sich die mir seit Jahren wohlvertraute Gegend so überraschend und einfach, wie manchmal einem Studierenden nach langer Kleinarbeit ganz plötzlich Gefüge und Zusammenhang der Dinge sichtbar wird.

Wir flogen mit einer Schnelligkeit, die wir nur am eilig dahinrasenden Schatten des Luftschiffes annähernd schätzen konnten, über den See gegen Bregenz hin, über Wasserburg, Bad Schachen und Lindau weg, und waren plötzlich schon in Bre-

Hermann Hesse, 1909, zwei Jahre vor seinem Zeppelin-Flug, Radierung von Karl Bauer.

genz. In der Kabine war trotz der weiten, nicht verglasten Fenster kaum eine Spur von Luftzug zu bemerken, sobald man indessen Kopf oder Hände aus dem Fenster steckte, brauste die Luft wie ein Sturmwind vorüber. Unter uns wich nun der See, mit seichtem, wildem Binsenufer und sumpfigen Öden, und wir fuhren über Land, sahen Dächer und Höfe, Menschen und Tiere in wunderlicher Verkürzung, an die sich doch das Auge seltsam rasch gewöhnte, und hörten und sahen die Begrüßungen, mit denen überall das sonntägliche Volk seine Neugierde, Freude und Verwunderung kundgab. Mir fiel auf (obwohl bei einer solchen ersten Fahrt kaum eine Beobachtung aufkommt, nur wohliges Dahinschweben und rechenschaftslose Reiselust), mir fiel auf, wie alle Tiere ohne Ausnahme auf das Luftschiff reagierten, und alle mit Schrecken und Furcht. Ein Feldhase rannte in wahnsinniger Angst davon, einerlei wohin, und beschrieb die seltsamsten Kurven und Ovale, bis er sich in einem Bohnengarten verkroch. Die Vögel, auch die Habichte, flohen ebenfalls geängstigt davon, die Hunde bellten wütend oder zogen die Schwänze ein, und die Hühner waren ganz außer sich. Wir in der Kabine fanden uns vom Lärm der Maschine gar nicht belästigt, hie und da bei seitlichem Wind ein flüchtiger Benzingasgeruch war alles, von Vibration kaum eine leise Spur.

Und während unsre Propeller schnurrten, fuhren wir durch das sonnige Rheintal hinauf, der Kamor und der Hohe Kasten und viele andre vertraute Berge standen mächtig im strahlenden Licht. Während unten im fruchtbaren Stromtal die Sonne glühend auf die Reben brannte, flogen wir kühl und gelassen in der Höhe dahin, blickten senkrecht in den Rhein, in Dörfer, Klöster, Städtchen hinab, schauten seitwärts in kühle grüne Waldtäler und steile, enge Felstäler hinein und fuhren in kaum einer Stunde bis über Feldkirch hinaus. In Feldkirch standen die alten Häuser mit den Lauben seltsam verkürzt, den schönen, alten Festungsturm sah ich so direkt von oben, daß nur das runde, braune Dach wie ein Teller zu sehen war, und eine kleine Kapelle auf einem Hügel im Felde war so in der Perspektive verkürzt, daß ich ihre Form nur an dem großen Schatten erkennen konnte, der lang und spitz wie der Zeigerschatten einer Sonnenuhr neben ihr lag.

Wenn der Deutsche sich sehr erhoben fühlt, so trinkt er Sekt, und Sekt war auch im Luftschiff zu haben und wurde hübsch und nett serviert, und er war auch sehr gut, aber ich fand diese Beigabe doch als das einzige Stillose und Entbehrliche an der Fahrt.

Die Rückfahrt ging noch rascher, mit drei Motoren, und es war mir und uns allen viel zu früh, als wir nach zwei Stunden wieder über die Halle schwebten und vom Ameisengewimmel der Arbeiter empfangen wurden, die die ausgeworfenen Seile fingen und festhielten. Dabei flogen wir dicht über den Wipfeln eines Föhrenwäldchens hin und scheuchten noch einen Bussard auf.

Ich verstehe nichts von der Technik, und ich weiß nicht, wie weit es Graf Zeppelin noch bringen wird. Ich schließe die Augen und fühle wieder das schwebend leichte, weiche Reisen durch die Luft, ich genieße wieder den Anblick der weit erschlossenen Landschaft und das Gefühl des Draußenseins aus allen irdischen Kleinigkeiten; und ich weiß gewiß: sobald ich wieder Gelegenheit finden werde zu fliegen, werde ich es mit tausend Freuden tun.

(1911)

Das Luftschiff »Schwaben« kurz vor der Landung in Friedrichshafen.

Wolken

Mir scheint, das macht die Wolken schön und bedeutsam, daß sie sich bewegen, und daß sie im Himmel, der für unser Auge toter Raum ist, Entfernungen, Maße und Zwischenräume schaffen. Daß diese Entfernungen und Maße unerhört täuschen, ist ganz belanglos. Ein auf einer Wasseroberfläche schwimmender Gegenstand täuscht ebenso: stets überschätzt das Auge die Entfernung zwischen sich und dem Gegenstand, und unterschätzt die zwischen Gegenstand und jenseitigem Ufer oder Horizont.

Durch die Wolken gewinnt der Luftraum, in welchem sonst der Blick nichts mehr fände und mit den Maßen die Teilnahme und Aufmerksamkeit verlöre, eine reiche Sichtbarkeit: er wird Fortsetzung der Erde. Im kleinen tut diesen Dienst auch ein Vogel, ein Papierdrache, eine Rakete: wir empfinden für Augenblicke als teilbaren Raum, was eben noch Leere, Nichts war. Diesen Dienst könnte uns die bloße Erkenntnis von der Nichtleere des Luftraumes niemals tun, denn das Auge glaubt der Vernunft nicht leicht, wie es denn auch trotzt allem Wissen des Gegenteils die Sonne sich bewegen und die Erde stillstehen sieht.

Was der Vogel im kleinen tut, tun die Wolken im großen. Sie machen den ungeheuren Raum anschaulich, lebendig, anscheinend meßbar, und sie verbinden uns mit ihm. Denn sie gehören ja zu uns, sind irdisch, sind irdisches Wasser, sind das einzige Stück Erde und irdischer Materie, das dem Auge sichtbar emporsteigt und als Sein und Leben der Erde im unsichtbaren Raume weiterlebt.

Daher auch das von jedem Nachmittagsbummler empfundene Symbolische der Wolken, das ganz andere Vorstellungen und Gefühle weckt als der Anblick der Sonne, des Mondes, der Sterne. Die sind nicht irdisch, auch nicht meßbar nahe, sondern haben ihr eigenes Sein und Leben. Sie sind nicht ein Stück Erde, das im Raume schwebt, und ihre Form und Bewegung erhalten sie nicht von den uns nahen, vertrauten Naturkräften. Die Wolken aber teilen Licht und Dunkelheit, Wind und Wärme mit uns. Sie sind nicht Welten, sondern gehören zu unserer Welt, entstehen und vergehen vor unseren Augen unter Gesetzen, die wir verstehen und die wir selbst gleichzeitig fühlen, und kehren stets wieder zur Erde zurück.

Aber diese Rückkehr sehen wir selten. Bei einem kräftigen Regen oder Schneefall sehen wir keine Wolken mehr. Und während wir sie sehen, ist ihre Zweckmäßigkeit unserem Auge nicht erkennbar.

Wie die Wolken uns den Luftraum sichtbarer machen, so machen sie uns die Bewegungen der Luft wahrnehmbar. Und die Bewegungen der Luft sind zwar nicht unserem Denken, wohl aber unseren Sinnen stets rätselhaft und darum fesselnd. Wenn hundert Meter oder dreihundert oder tausend Meter über meinem Kopf die Luft bewegt ist, Strömungen gehen, sich treffen, kreuzen, teilen, bekämpfen, so habe ich nichts davon. Sehe ich aber eine Wolke oder eine Wolkenschar wandern, rascher und langsamer reisen, innehalten, sich teilen, ballen, umformen, schmelzen, bäumen, zerreißen, so ist das ein Schauspiel und nimmt Interesse und Teilnahme in Anspruch.

So ist es auch mit dem Licht, das wir im scheinbar leeren, blauen Raum nicht wahrnehmen. Schwimmt aber eine Wolke darin, wird sie grau, hellgrau, weiß, golden, rosig, so ist all das Licht in der Höhe mir nicht mehr verloren; ich sehe, beobachte, genieße es. Wer hat nicht schon am Abend, wenn die Sonne längst versunken und die Erde erloschen war, hoch oben noch Wolken brennen und im Lichte schwimmen sehen!

Bedenken wir, daß die Wolken ein Stück Erde, Materie sind und ihr irdisches, materielles Leben in der Höhe, in Räumen führen, wo wir außer ihnen nichts Stoffliches erblicken können, so leuchtet ihre Symbolik ohne weiteres ein. Sie bedeuten uns ein Weiterspielen des Irdischen im Entrückten, einen Versuch der Materie, sich aufzulösen, eine innige Gebärde der Erde, eine Gebärde der Sehnsucht nach Licht, Höhe, Schweben, Selbstvergessen. Die Wolken sind in der Natur, was in der Kunst die Flügelwesen, Genien und Engel sind, deren menschlich-irdische Leiber Flügel haben und der Schwere trotzen.

Und schließlich bedeuten uns die Wolken noch ein Gleichnis der Vergänglichkeit, ein zumeist heiteres, befreiendes, wohltuendes. Wir sehen ihre Reisen, Kämpfe, Rasten, Feste an und deuten sie träumend, wir sehen menschliche Kämpfe, Feste, Reisen, Spiele in ihnen, und es tut uns wohl und weh zu sehen, wie das ganze und schöne Schattenspiel so flüchtig, veränderlich und vergänglich ist.

(1908)

Weiße Wolken

O schau, sie schweben wieder
Wie leise Melodien
Vergessener schöner Lieder
Am blauen Himmel hin!

Kein Herz kann sie verstehen,
Dem nicht auf langer Fahrt
Ein Wissen von allen Wehen
Und Freuden des Wanderns ward.

Ich liebe die Weißen, Losen
Wie Sonne, Meer und Wind,
Weil sie der Heimatlosen
Schwestern und Engel sind.

Werbeplakat zur ersten deutschen Luftschiffahrt-Ausstellung in Frankfurt am Main, die Hesse im Oktober 1909 besuchte.

Im Flugzeug

Als ich vor einigen Jahren zum ersten Male auf der Frankfurter ILA einige Eindecker ihre schwachen Flugversuche machen sah, war mein sehnsüchtiger Gedanke: »Sobald das ein bißchen besser geht, mußt du mitfliegen!« Und als ich zwei Jahre später zum ersten Male in die Lüfte hinauf kam, in einem Zeppelinschen Luftschiff, da genoß ich wohl den wunderbaren Taumel der Höhe und die überraschend herrliche Aussicht und den neuen Aspekt der Landschaft, aber mein Flugverlangen war nur stärker erregt, und seitdem war es mein heimlicher Wunsch, nun bald einmal zu fliegen. Aber ich wohnte auf dem Lande und kam immer nur im Winter in große Städte, meine Freunde lachten mich aus und erklärten diese ganze Fliegerei für einen halsbrecherischen, selbstmörderischen Sport, mit dem sich höchstens ehemalige Rennfahrer und entgleiste Turfexistenzen abgäben, und waren der Meinung, ein einigermaßen höherstehender Mensch, welcher Pflichten habe und gar Familienvater sei, dürfe sich unter keinen Umständen »der bloßen Sensation wegen« so einem Satansmöbel anvertrauen.

Diese Reden konnten mein Verlangen nach Flie-

Hermann Hesse zur Zeit seines Rundfluges über Bern.

geglück nicht kleiner machen, obwohl ich nicht widersprach. Ich las vom Simplonflug, las die Berichte von Pau und Paris und Dübendorf und den italienischen Aviatikern, und verheimlichte meiner Frau die wöchentlich in der Zeitung mitgeteilten Abstürze von Fliegern. Und hundertmal besann ich mich und phantasierte, wie es nun wohl eigentlich so einem Fliegenden zumute sein müsse. Die meisten waren ja abgebrühte Sportratten oder technische Spekulanten, für die gab es nur Windverhältnisse, Pferdekräfte, Umdrehungszahlen und Flugpreise. Aber viele davon waren doch gewiß wirkliche Abenteurer, solche, mit denen ein Dichter sich ohne weiteres eins fühlen oder doch verbrüdern konnte, es war in ihnen etwas von der großen Sehnsucht, die unsereinen zum Wandern und Reisen verlockt und einem das Stillsitzen so sauer macht, und die durch nichts zu stillen ist und durch jede Erfüllung nur tiefer und hungriger wird. Ohne Zweifel war diese Sehnsucht, wenn auch in ihren rohesten Formen, bei vielen dieser Flieger der heimliche Antrieb und Verführer, und die, welche hundert Meter hoch herunter fielen oder über Land geschleift wurden, die in der Luft verbrannten oder im Wasser umkamen, waren nicht Arbeitern gleichzustellen, die in ihrem armen, tapfern Kampf um den täglichen

Groschen weggerafft wurden, sondern sie gehörten doch wohl zu der kleinen Schar derer, die als Sklaven jener geheimnisvollen großen Sehnsucht ihr Ende fanden, deren Knochen in Gletscherlöchern liegen oder die in den Wäldern von Afrika, am Südpol oder auf entlegenen Meeren umkommen. Darin bestärkte mich noch die Nachricht vom Tode Lathams, den ich in Frankfurt hatte fliegen sehen, der in den Kanal gefallen war und der schließlich sein Ende als Jäger in den Tropen fand.

Die Zeit verging, und das Fliegen blieb mir Wunsch und Rätsel. Zweimal fielen mir flott und gescheit geschriebene Artikel von Journalisten in die Hand, welche als Passagiere mitgeflogen waren. Ich las sie mit Eifer, aber es stand nichts darin. Diese Herren standen über der Sache, während ich so gern mitten in ihr drin gestanden wäre. Sie wußten Pferdestärken und Umdrehungen zu zählen, kannten die Vorgeschichte ihres Aviatikers, die Firma, die seinen Motor gebaut hatte, sie wußten von dem Stolz unserer Zeit, von dem uralten Menschheitstraum und seiner Erfüllung durch Blériot zu erzählen. Vom Fliegen selber aber erfuhr man wenig oder nichts. Es standen in diesen Artikeln nur Dinge, die man vorher wußte, oder die wenigstens der Autor schon vorher wissen konnte. Also mußte das Fliegen eigentlich wenig interessant sein; es war ein »stolzes, erhebendes Gefühl«, das erinnerte an Grundsteinlegungen und Jubiläen, man »fühlte sich vollkommen sicher, keine Spur von Angstgefühl oder Schwindel«, das war also ähnlich wie ein Spaziergang von München nach Nymphenburg. Entweder standen die Verfasser jener Artikel eben wirklich auf jenem unpersönlichen, allgemein kulturellen Standpunkt, den ihre Artikel betonten, oder aber es war ungemein schwierig, die eigentlichen Gefühle eines Fliegenden darzustellen. Ich glaube heute, die zweite Annahme war die richtige.

Um nun zur Sache zu kommen: ich bin gestern geflogen. Es kamen Flieger nach Bern, eines Morgens hörte ich über meinem Dach einen Apparat schnurren und sah einen schönen Eindecker so stolz und kühl und nobel über mich wegfahren, daß es mir das Herz umdrehen wollte. Am nächsten Tage bin ich mitgeflogen. Und nun will ich versuchen, einige meiner Eindrücke bei diesem ersten Flug meines Lebens mitzuteilen, soweit das möglich ist, und da die Geschichte vom »erfüllten uralten Menschheitstraume«, vom »Sieg der Intelligenz über die Materie« und alles das schon jedermann bekannt ist, will ich den undankbaren und schwierigen Versuch machen, die Kultur und

Technik und alles das wegzulassen, und lediglich das zu notieren, was ich erlebt habe. Ich finde mich bei diesem Vorhaben durch eine tiefe Unwissenheit gestützt: ich weiß weder den Namen der Firma, die den Motor gebaut hat, noch die Zahl seiner Pferdekräfte, noch sein Gewicht, noch das Gewicht der Belastung. Ich weiß gar nichts, als daß ich nun endlich, endlich geflogen bin, und daß es mir gar nicht selbstverständlich und allgemein kulturell erschienen ist, sondern höchst abenteuerlich. Ich bin tatsächlich »der bloßen Sensation wegen« geflogen, und die Sensation hat mir eine unbändige Freude gemacht.

Gegen 3 Uhr an einem warmen, hell sonnigen Frühlingstag erschien ich auf dem Flugfelde, wo sich ein paar schwarze Menschenknäuel drängten und umeinander drehten. Mitten in einem dieser Knäuel sah ich den Apparat ragen, mit dem ich fliegen sollte und der mich erwartete. »Wenn es mir nur nicht übel wird!« dachte ich, denn ich kann Menschenmengen schlecht vertragen.

Ich drängte mich vor, eine grüne Brille auf der Nase und eine gelbe Reisetasche in der Hand. Ich legte den Leuten die Hand auf die Schulter, schob sie leise beiseite, machte ein sachliches Gesicht und wurde durchgelassen, es ging über Erwarten gut. Das Schlimmste vom Fliegen war nun überstanden. Ich stand beim Apparat, begrüßte den Flieger und zündete eine Zigarre an. Ein französischer Monteur suchte mich über den Motor zu belehren, ich nickte dankend und kam erst jetzt auf den Gedanken, die Maschine näher anzusehen. Am Kopf des Vogelleibes saß die hölzerne Schraube, dahinter der Motor und Benzinvorrat, dann der Platz des Fliegers, dann mein Passagiersitz, hinter dem das leichte, hölzerne Bauwerk sich rasch verjüngte und dem hübschen Schwanzsteuer zustrebte. Als Spielzeug sah das Ganze entzückend aus, daß es aber zwei Menschen durch die Luft tragen sollte, schien wunderlich, so leicht und liebenswürdig japanisch sahen die Stänglein und Drähtchen aus, und auch die Flügel waren so spielerisch und dünn und luftig gebaut, daß man sie nicht anzufassen wagte.

»Nun«, dachte ich, »die Hauptsache ist ja der Motor, und den kann ich zum Glück nicht taxieren. Es wäre gut, wenn wir bald fahren würden.«

Da winkte mir der Flieger, ich möchte mich nun fertigmachen. Schnell machte ich meine gelbe Handtasche auf und nahm meine Sachen heraus, eine Skimütze, ein Paar Handschuhe, ein wollenes Halstuch. Als ich die Mütze glücklich auf und unter dem Kinn zusammengeknöpft hatte, lächelte der französische Monteur mich freundlich an und sagte, so gehe das nicht, ich müsse die Mütze umgekehrt aufsetzen, mit dem Schirm nach hinten, sonst werde mir das Zeug alsbald vom Kopf gerissen werden. Die Volksmenge lachte und sah mit Interesse zu, wie ich meine Kleidung vollends in Ordnung brachte. Schließlich gab mir der Aviatiker noch einen Mantel und eine Automobilbrille; ich schwitzte in der wollenen Haube und sah so bestrickend aus, daß die Menge wieder aufs munterste lachte. Photographenapparate wurden auf uns gerichtet, und jemand rief mir zu, ich müsse jetzt noch die Nase zubinden, dann könne mir gewiß nichts mehr passieren.

Jetzt stieg der Flieger ein. Es war ernst mit dem Spielzeug, und als der schwere Mann mit seinem braunen Stiefel derb auf das fingerdünne Holzstänglein trat, brach es nicht zusammen, sondern hielt, und es trug auch mich, und nun saßen wir in unsern Sitzen, im leinwandbekleideten Stangengerüste auf bequemen Sesseln, die Menschenmenge wich ein wenig zurück, die Luft wurde besser.

Herrgott, ich hatte meine Handschuhe liegenlassen. Aber nun mochte ich nimmer stören.

In diesem Augenblick begann der Motor zu surren, vor unsern Augen sauste die Flügelschraube

Einer der ersten Aufstiege Oskar Biders auf dem Berner Beundenfeld im März 1913.

ihren glänzenden Kreis, hinter uns spie der große Vogel Rauch und Gestank aus, schreiend floh zu beiden Seiten das Volk hinweg. Wir fuhren elastisch auf unseren beiden Rädchen über den Rasen, merkwürdig lind und wohlig, und plötzlich wurde mir in meiner Wollenhaube wieder wohl und wild gespannt. Wir fliegen, schrie mein Herz, jetzt gleich fliegen wir.

Da war der Rasen weg und wir stiegen schräg in die Höhe, und das war äußerst wohlig und beruhigend. Wir fliegen! Ja, es ist merkwürdig, aber ich hatte es mir aufregender gedacht.

Nein, ich nehme alles zurück. Es war aufregend genug. Als ich mich eben besann, ob jetzt wohl zehn Sekunden oder eine Stunde seit der Abfahrt vergangen seien, duckte sich der Herr Flieger, ich wurde in die Sitzlehne gedrückt und der Apparat machte einen Sprung in die Höhe. Da blieb er eine Weile, während der Luftstrom donnernd an meinen Ohren vorübersauste, und machte nun wieder einen Sprung, einen verfluchten, unerwarteten Sprung.

Ich tat einen Blick auf die kreisende Schraube. »Wenn das Luder Launen hat, gehen wir kaputt«, dachte ich einen Augenblick, aber mehr nur reproduktiv, ich glaubte nur halb daran, und vergaß es sogleich völlig, denn zufällig fiel mein Blick seitwärts auf die Erde und da sah ich erst, daß wir schon hoch, hoch waren. Der Motor sauste, der Wind schrie, meine Hände froren und meine Nase wurde kalt, und da neben mir, an der dünnen Holzlatte vorbei, sah ich die Stadt Bern und die krumme Aare und Fabriken und Kasernen und Reitplätze und Alleen liegen, drollig klein und schief und hingestreut, und es fiel mir ein, wie dieser Anblick des kleinen Getriebes und des zum Spielzeug gewordenen Menschenwesens mir einst vom Zeppelinschiff aus Spaß gemacht hatte.

Aber das war etwas anderes! Dort war es ein behagliches Zuschauen wie aus einer Loge gewesen. Hier waren die Blicke auf Stadt und Felder, die ganze verkürzte und flächenhaft gewordene Welt durchaus nur zufällige Beigaben. Die Hauptsache war: wir flogen. Und wie wir flogen! Wir stiegen in Wellenlinien hinan, immer höher, und je und je taten wir plötzlich, wie in einer Atempause, einen kurzen, lautlosen Fall, der Sitz schwand unter mir weg, mein Magen höhlte sich weit. Dann gleich wieder Trieb, Anstieg, Kraftgefühl. Dann wieder der kleine, unberechenbare Fall, Atempause, horchendes Schweigen im Magen.

Die Landschaft ist mir noch immer nicht klar geworden; ich sitze wie ein Knabe, vom Erleben hingenommen, und habe den Verstand daheim gelassen. Ich werfe, von Schauern seliger Bangigkeit unterbrochen, meine Blicke und Atemzüge wie Lieder und Seufzer in die Welt, ich schwebe atemlos mitgerissen in einer ungeheuern Musik durch die Räume, ich bin ganz Kind, ganz Knabe, ganz Abenteurer, ich trinke den berauschenden Wein des Losgerissenseins, der Gleichgültigkeit und Verachtung gegen alles Gestrige, der animalischen Erregung in tiefen Zügen, ich bin Drache und Wolke, Prometheus und Ikarus …

O Gott, was ist das? Was steht dort so groß, so wirklich und edel mitten in dieser lausigen Welt, die ich so tief verachte, die so schäbig und winzig und kleinlich eingeteilt zu meinen Füßen liegt? Am Rande der Welt, hinter all dem Gewimmel nichtiger Formen und irdischen Getändels, stehen wunderbar und groß die Berge. Ich sehe den riesigen Eiger streng und dunkel, das hohe Schreckhorn einsam und vornehm an seinem Orte stehen, und ich ahne beim Anblick des ungeheuer erweiterten Horizontes so etwas wie einen raschen Flug über die Erde hinweg: wie da die großen Gebirge, Wüsten, Meere einzig übrigbleiben, alles andere versinkt und sich als verwesende Moräne kundgibt.

Wir fallen tief, mein Magen hat sich daran gewöhnt, schon nach Minuten hat er sich angepaßt, und läßt das Kitzeln bleiben. Die Berge sind weg, wir hängen schräg nach links über, gegen einen feindlichen Wind, über die Flügel weg sieht man Jurazüge, senkrecht unter uns die Aare, gepflegten Wald, Höfe – am Ende der Kurve unvermutet einen Blick über die ganze Stadt, vom Bärengraben an aufwärts, wie sie auf ihren Felsen im Bogen der Aare liegt.

Wann werde ich über die Alpen fliegen, über das Meer? Ich muß das einmal bis zur Sättigung auskosten! Ich sehe ja nichts, ich ahne und fühle bloß, ich taumle entzückt und beängstigt durch eine andere, jäh vor mir aufgerissene Welt, nur langsam lerne ich wieder denken. Die Welt ist Erhabenheit, erhaben ist Gebirge, Wüste, Meer. Der Mensch bringt den Humor hinein. Ich beginne sie wieder zu lieben, die Menschen, die da drunten so kleinlich und sonderbar wirtschaften, die den Wald frisiert und die Hälfte der Welt in kleine, umzäunte Landfetzchen zerrissen haben. Ich will nicht schwebende Wolke, treibende Schneeflocke, ziehender Vogel sein, ich will nicht die Berge lieben und die Menschen schmähen, deren schwächster ich bin – ich will mit aller Liebe, deren ich fähig bin, mich zu ihren Schwächen und zu ihrem Stolz bekennen. Das sind nicht die Pferdekräfte und nicht die genauen Rechnungen der technischen Wissenschaft, die mich und den Flieger und Blériot und Latham in die Höhe gerissen haben. Das ist die alte große Sehnsucht, das ist der aus Schwäche geborene Trotz, das ist Titanenerbe. Das hat uns fliegen gelehrt. Aber mit dem Fliegen ist keine Sehnsucht erfüllt, der Bogen ist nur stärker und wilder gespannt, die Kreise des Wunsches sind weiter gezogen, das Herz brennt trotziger.

Träume, Bruchstücke von Gedanken, Bruchstücke von großer Musik umgeben mich. Da weckt mich ein unsäglich bangfrohes, gespanntes, überraschtes, mißtrauisches Gefühl, das durch alle Nerven geht. Der Motor schweigt. Wir hängen in der Höhe, wir neigen uns, und nun kommt das Wunderbarste, wir gleiten auf der elastischen Luft, die uns zuweilen mit leiser Schwellung prellt, wir fahren wachsam und flink hinunter wie ein Automobil mit abgestelltem Motor einen Berg hinab und wie ein Skiläufer seine Halde hinuntergleitet. Dächer, Alleen, Schornsteine springen uns entgegen, größer und größer wird der kleine Rasenplatz, auf den wir zielen, und nun sehe ich, er ist das Flugfeld, und die paar trüben Trauben und Haufen schwärzlichen Gewimmels darauf sind die Menschenmenge. Herrgott, wir fahren mitten in sie hinein! Wir stürzen vorwärts wie rasend, immer dem schwarzen Haufen entgegen, ich sehe einzelne Gruppen und Figuren schon deutlich, sie sind schon dicht vor uns, Weiber schreien auf, Kindermägde rennen entsetzt und verzweifelt mit ihren Babywagen davon, Knaben laufen Galopp, fallen, geben es auf. Wir aber nehmen, es geschicht ohne mein Wissen und fährt mir nochmals, zum letzten Male wunderlich kitzelnd durch den Magen, wir nehmen einen kleinen Anlauf, machen einen Sprung und sind wieder in der Luft. Wir haben nur den Platz für die Landung gesucht und umfliegen das große Feld noch einmal im Kreise, niedriger und niedriger streichend. Längst ist der große Horizont versunken, die Erde wallt zu uns herauf, die Menschenhaufen atmen uns entgegen. Nochmals fliehen sie vor unserer Maschine davon, eine Gasse entsteht, wir gleiten nieder.

»Noch nicht! O noch nicht!« will ich flehend rufen. Die kleinen Räder sind schon aufgeprallt, ein Ruck im Sitz, die Erde ist unter uns und nimmt uns auf, und da halten wir schon, tausend Menschen brüllen und stürzen sich auf den Apparat. Mit einem sonderbaren Gefühl von Kleinheit und Scham steige ich aus, klettere auf die Erde hinab, entkleide mich der Brille, der Mütze, des Mantels, gebe dem Flieger die Hand und gehe hinweg, durch das dichte Volk hindurch, keines Gefühls noch Gedankens sicher, aber in allem, was ich an Sehnsucht und Abenteuerbedürfnis und unbezwinglich triebhaftem Fernweh in mir habe, neu erregt und gestärkt und vertieft.

(1913)

Das erste Heinkel-Flugzeug, bei seinem ersten Flug im Juli 1911 auf dem Cannstatter Wasen bei Stuttgart.

Fahrt im Aeroplan

Durch dünne Lüfte hingerissen,
Das Herz vor wildem Jubel matt,
So fliegen wir im Ungewissen
Hoch über Acker, Fluß und Stadt.

Die Erde weicht und sinkt entlegen
In kleine Nichtigkeit zurück,
Mit atemlosen Flügelschlägen
Erobern wir der Ferne Glück.

Und alle Nähe ist versunken,
Die Welt ward unabsehbar weit,
Wir fliehn erschreckt, doch heimlich trunken
Durch uferlose Einsamkeit . . .

Das Aeroplan des Baron Trutzschler von Falkenstein bei einer Flugvorführung auf der ILA in Frankfurt am Main.

Luftreise

Wieder einmal hatte ich es mit dem Reisen probiert. Ich war nach Schwaben gefahren und war dort mit allerlei guten Sachen bewirtet worden: mit schwäbischem Wein und Kuchen, mit alten Rathäusern, Kapellen und Brücken, mit Frühlingsmorgenwolken über roter Erde und Abenddämmerungen über verschlafenen Flußtälern. Es ist keine Kunst, sich in Schwaben wohlzufühlen, selbst wenn man krank ist und Grund zu allerlei Unzufriedenheit hat – und wenn man gar selber in Schwaben geboren ist und die Sprache dieser Leute, dieser roten Äcker und Weinberge, dieser alten Städtchen von Kind auf versteht, dann ist es ein Glück, solch eine kurze Heimkehr zu feiern und zu sehen, daß alle diese hübschen Dinge noch vorhanden sind. Auch hatten die Schwaben mir Treue gehalten, ich fand die alten Freunde unverändert, und fand unverändert auch die alte schwäbische Presse, welche auch heute noch, im Jahre 1928, nicht vergessen und nicht verzeihen kann, daß der Halbschwabe Hesse einst während des Krieges weder für den Kaiser noch für den Krieg geschwärmt hat, und mir bei jeder Rückkehr mit drohendem Finger zu verstehen gibt, daß man andres von mir erwartet hätte. Nun ja, auch dieser Ton gehört zum schwäbischen Konzert und bedeutet für mich ein Stück Heimat und Wohligkeit.

Aber, wie es so gehen kann, dann hatte ich mich, trotz meiner alten Abneigung gegen die Eisenbahn (ich würde, wenn ich ein Potentat wäre, in meinem Lande noch heute die Einführung dieser rohen Maschinen verbieten) – trotz alledem hatte ich mich verleiten lassen, weiterzureisen und auch dem übrigen Deutschland meine Aufmerksamkeit zu schenken. Zu dieser mir im Grunde gar nicht zu Gesicht stehenden Reiselust lagen verschiedene Gründe vor. Zunächst der Grund, daß zu Hause, in meinem Winterquartier, seit 14 Tagen meine Post lag und auf mich wartete, Hunderte und Hunderte von Briefen, viele Dutzende von neuen Büchern und viel andres Papier, Einladungen zum Tee und Einladungen zum Steuerzahlen, und alle diese papierenen Dinge erledigten sich von selbst, wenn man gar nicht da war und sie ruhig zu Hause liegen und warten ließ. Ebenso stand es mit den vielen Besuchen, mit allen den unbeschäftigten Berlinern und Frankfurtern, die während ihrer Osterferien im Süden ihre Regennachmittage dazu benutzten, einen Besuch beim Dichter Hesse zu machen. Mochten sie kommen und an die Tür klopfen, ich war in Sicherheit. Aber noch andre, hübschere Gründe gab es für das Weiterreisen, unter andern den, daß eine schöne kluge Kameradin mich begleitete, welche nicht gesonnen war, mir nach dem Süden zu folgen, während sie dem Norden entgegen zu einigen Konzessionen bereit war. Obwohl ich also im Norden nichts zu suchen hatte, der Enttäuschung im voraus sicher war und auch voraus wußte, welche Nöte mir nachher das Zurückreisen bereiten würde, war ich leichtsinnig und setzte mich immer wieder in irgendeinen Zug, in einen dieser engen, unmenschlichen, überfüllten Eisenbahnwagen, wo die Luft so schlecht ist und aus deren Fenstern man stundenlang und tagelang nur Bahnhöfe und Fabriken zu sehen bekommt. Neben mir saß die Kameradin, und da und dort stiegen wir in hübschen alten Städtchen aus, schauten gotische Portale und Rokokogärten an, probierten Wein und Würstchen in kleinen Kneipen, schauten über Brückengeländer zu den grünen Flüssen und zu den dunkeln stillen Fischen hinunter, und kamen so unvermerkt allmählich immer weiter nach Norden, bis in Gegenden, in die ich mich freiwillig und allein nie verirrt hätte, in die ich mich nun aber am Faden reizender Zufälle und angenehmer Vergeßlichkeiten willig ziehen ließ.

Aber alles nimmt einmal ein Ende, und so war eines Tages auch diese etwas unüberlegte Nordlandreise zu Ende. Eines Tages stand ich, erwacht und ernüchtert, in einem norddeutschen Städtchen, ich glaube, es gehörte zu Brandenburg, wenigstens war es von Sand und Kiefernwald umgeben, und es blies ein kalter Wind, und die Mundart der Leute klang mir fremd, und meine Kameradin war weitergefahren und schrieb mir schon Postkarten aus einem andern Land. Es war April, und der kühle Wind wehte Regen und Sonnenstreifen ineinander, und plötzlich wurde mir meine ganze Lage klar: daß ich da allein und verirrt in einem fremden, etwas unwirtlichen Lande stehe, ohne recht zu wissen, wie ich dahin geraten, daß inzwischen in meiner fernen kleinen Scheinheimat sich die Post und die andern Verpflichtungen und Versäumnisse von Tag zu Tag schlimmer häuften, und daß die Rückreise dorthin unzählige Stunden Eisenbahnfahrt erfordere – viel mehr Eisenbahnstunden und Eisenbahntage, als ich in meinem mitgenommenen Zustand hätte ertragen können. Wir gut wäre es jetzt, eine Lungenentzündung zu bekommen und rasch erlöst zu werden, oder aus Versehen einem jener zahlreichen Fememorde zum Opfer zu fallen, oder zaubern zu können, oder fliegen zu können! Halt, das war ein Gedanke: Fliegen!

Eine der ersten Maschinen der deutschen Lufthansa vor ihrem regelmäßigen Linienverkehr von Berlin (über Erfurt, Halle und Stuttgart) nach Zürich, die Hesse 1928 benutzte.

Mir fiel ein, daß ich das längst einmal hatte tun wollen, es sogar in frühern Zeiten, lange vor dem Krieg, als die Fliegerei noch in den Anfängen war, einmal probiert hatte. Schleunigst rief ich das nächste Büro der Lufthansa an und bestellte mir einen Platz, und dann erschien ich mit Handtasche, Regenschirm und Mundvorrat rechtzeitig auf dem Flugplatz, stieg nach Erfüllung einiger Zeremonien unter strenger Bewachung und Bevormundung durch zahlreiche Luftbeamte in das vortreffliche Fahrzeug und schnurrte zufrieden in die Luft hinauf.

Der Einfall bewährte sich. Gewiß, auch das Luftreisen hat Nachteile, es ist nicht zu leugnen, aber für Menschen von meiner Art ist es dennoch durchaus das Richtige. Schließlich füllen die Aufenthalte auf den öden leeren Flugplätzen und in den leeren, allzu neuen, allzu feierlichen, allzu sachlichen Flugbahnhöfen ja nur Viertelstunden aus, und alles andre ist sehr hübsch und bekömmlich. Ich flog also von dem nördlichen Breitengrad, an den ich mich verlaufen hatte, den langen Weg bis zu den mir bekömmlicheren Gegenden in wenigen Stunden ab und machte dabei die angenehmsten Entdeckungen.

Die erste und schönste Entdeckung war diese: das Deutschland, das man von den Eisenbahn-

Das Innere einer dreimotorigen Lufthansa-Maschine (Junkers G 31) während des ersten Fluges, bei welchem an Bord Speisen und Getränke serviert wurden (ab Mai 1928), einen Monat nachdem Hesse von Berlin nach Stuttgart flog.

zügen aus sah, dieses düstere, rauchende, aus Zement und Wellblech bestehende Deutschland war eine Fiktion! Deutschland war gar nicht so, wie die Eisenbahnreise es einem vorzutäuschen suchte! Es bestand weder aus Zement noch aus Blech, weder aus Fabriken noch aus Bahnhöfen, sondern aus lauter Wald und Erde, aus Äckern, Hügeln, Flüssen, aus zauberhaft rosig gefärbten Erdflächen, und all die großen und kleinen Städte, all die Fabriken, Bahnhöfe, Wellblecharchitekturen bedeckten in Wirklichkeit nur einen lächerlich kleinen Teil seiner Fläche, waren bloß ein paar winzige Narben auf seinem Leib. Diese Entdekkung tat mir unendlich wohl. Dies Berlin, dies Halle, dies Leipzig, sie waren kleine unwesentliche Entstellungen, sie waren kleine Sommersprossen auf dem Gesicht Deutschlands, alles andre bestand aus solider Erde, aus herrlichem Grün, schaute mit blauen sanften Seeaugen und stillblitzenden, bis in den Himmel verlaufenden Flußbädern zu mir herauf, schön und friedlich. Am Horizont klangen viele zarte kühle Farben ineinander, ein wechselndes Konzert, nicht zu unterscheiden, was Himmel und Wolke, was Gebirge, was Stadt oder Wasser sei. Weithin streckte sich der lichte Sandboden, von Wäldern durchzogen, kümmerte sich nicht um Berlin, nicht um die winzig kleinen Eisenbahnen, die ihn da und dort durchschlichen, nicht um Technik, Geld und Politik. Man brauchte nur ein paar hundert Meter Luft zwischen sich und die Erde, zwischen sich und das zwanzigste Jahrhundert zu bringen, dann wurden sie äußerst freundlich und friedlich, wußten nichts von Not, nichts von Krieg, nichts von Gemeinheit.

Bezahlen mußte man dies Glück einer tröstlichen Erfahrung mit dem irrsinnigen Lärm der Propeller. Dieser Lärm war der Tribut, den unser sonst so entzückendes Flugzeug an den Geist der Technik und der Neuzeit bezahlte, in diesem Lärm klang alles Pressieren, alles Sichwichtigmachen, alle Rücksichtslosigkeit, Roheit und Stumpfheit unsrer Zivilisation wider. Aber das andre überwog, der Lärm ließ sich ertragen, man stopfte sich die Ohren zu, und während das Ohr mißhandelt wurde, schwelgte das Auge. Es schwelgte auch das Körpergefühl, der Tastsinn, der Gleichgewichtssinn – im Schweben durch die Luft, deren Körperlichkeit man deutlich empfand, gab es eine Menge von feinen sinnlichen Sensationen.

Schon war die Erde nicht mehr so licht, schon hatte der Sand aufgehört und brauner Acker begann, und es stiegen Hügel und Berge auf, die wir überflogen, und langsam, gegen Süden zu, wurde das kahle Frühlingsland grüner und grüner. Und einmal, nach Stunden, sah ich von Ost nach West einen langen Flußlauf aufleuchten – konnte das schon der Neckar sein? Nein, es war der Main, und als ich mich vorbeugte, sah ich senkrecht unter mir klein und sauber den Main und die Stadt Würzburg liegen, dieselbe Stadt Würzburg, die ich vor kurzem mit meiner Kameradin so genau besichtigt hatte. Ich sah die Brücken, über die wir gegangen, sah die Kirchen, vor denen wir gestanden, sah die Wallfahrtskapelle, die Residenz und ihren großen Garten, wo wir den Vögeln zugehört hatten, sah die Straßenecke, wo man zum Bürgerspital abbiegt, um den guten Frankenwein zu trinken, schaute und schaute und war nach einer Minute schon nicht mehr dort, schwebte schon über neuen Bildern. Es kam Schwaben, es kam Alb und Schwarzwald, und ein Gewitter kam uns schwarz entgegen, wir entwichen nach oben und nach Osten, das Land meiner Jugend lag unter mir wunderlich entfaltet, sehr weit, sehr farbig, es schimmerte blaß der Bodensee, und der Hohentwiel steckte wie ein vom Riesen geworfener Kiesel in der Erde. Und schon war ich der sogenannten Heimat nahe, wo alle die Pflichten und Briefe warteten, und wäre lieber weitergeflogen. Aber die Technik, so hübsch sie ist, hat ihre Grenzen, es gab keinen Pardon, kein Weiterfliegen, an der Endstation mußte ich unweigerlich aussteigen. Sobald es Flugzeuge mit langen Dauerflügen geben wird, auf denen man wie auf einem Segelschiff Wochen und Monate lang leben kann, werde ich mich bei der Lufthansa nach den Bedingungen erkundigen.

(1928)

Erst ab 1930 waren die Lufthansa-Maschinen heizbar.

Volker Michels

»Und alle Nähe ist versunken…«

Hermann Hesse im Flugzeug

»Die Wunder der Technik«*, deren Folgen Hermann Hesse mitunter energisch in Frage stellen konnte, hatten dennoch von Jugend an eine merkwürdige Faszination für ihn. Schon der 17jährige unterzog sich – durchaus nicht unfreiwillig – einer Schlosserlehre in der mechanischen Werkstatt eines Turmuhrenherstellers in seiner Heimatstadt Calw. Den 15 Monaten, die er dort verbrachte, verdanken manche seiner frühen Erzählungen ihre Thematik und viel von ihrem Kolorit. Über die Fertigkeiten, die er sich dabei angeeignet hat, zieht er im Mai 1895, kurz nach Abschluß seiner Lehrzeit, auf launige Weise Bilanz in einem Brief an einen Schulfreund im Kloster Maulbronn, dem Hesse selbst, drei Jahre zuvor, entlaufen war: »In der Mechanik habe ich immerhin einiges gelernt, verstehe eine Nähmaschine zu zerlegen, eine Drahtleitung zu ziehen, Eisen zu drehen, Schrauben zu machen, eine Säge zu hauen, kann Stahl, Eisen, Messing, Kupfer, Zinn, Zink, Antimonium etc. unterscheiden, Elementarläutwerke ein-

* Titel einer kleinen Humoreske Hesses, entstanden um 1908.

richten, Most trinken, trockenes Brot essen, Lehrlinge kommandieren, von Leitern herabfallen, Hosen zerreißen und was sonst zur Mechanik gehört.«

Auch war »der letzte Ritter der Romantik«, wie sein frühester Biograph Hugo Ball ihn nannte, einer der ersten Schriftsteller in Deutschland, die sich der Schreibmaschine bedienten. Denn, so bemerkte Hesse einmal ironisch, eine graphologisch unanfechtbare, charaktervolle Schrift habe er leider nur beim Maschinenschreiben. Was ihn an dieser neuen Technik entzückte, läßt sich aus dem teils mehrfarbig getippten ornamentalen Schmuck seiner ersten maschinengeschriebenen Briefe erkennen. Es waren die graphischen Möglichkeiten, mit denen der Maler in ihm sofort zu experimentieren begann. Ein Schriftwechsel über die Vor- und Nachteile der Schreibmaschine, den er 1907 mit Jakob Schaffner führte, zeigt jedoch, daß er sich bereits damals auch durchaus der Schattenseiten mechanischer Hilfsmittel bewußt war. Es sei damit, wie mit allen Errungenschaften der Technik: »Die paar guten und freien Menschen werden gefördert, aber den Millionen Lumpen wird ihr Betrieb ebenfalls erleichtert.«

Doch – neugierig und allen Experimenten aufgeschlossen – hat ihn die Mißbrauchbarkeit der

Technik keineswegs daran gehindert, die Entwicklungen der Neuzeit zu nutzen oder doch wenigstens auszuprobieren, wo immer es sich zwanglos und ohne allzugroßen Aufwand ergab. Das ist deshalb bemerkenswert, weil man bei Hesses Traditionsverbundenheit in Sprache und Form eine solche Zugänglichkeit für Neuerungen der Moderne zunächst kaum vermutet. So hat er auch vom Kino oder vom Rundfunk, schon wenige Jahre nachdem die ersten deutschen Sender ihren Betrieb aufgenommen hatten (im November 1929 mit einer Lesung in Radio Stuttgart), durchaus Gebrauch gemacht – ebenso wie er die alternativen Experimente der ersten europäischen Lebensreform- und Aussteigerkolonie in der Naturheilanstalt auf dem Monte Verità bei Ascona (1907) an sich selbst erprobte oder die seinerzeit noch ungewohnte Methode der Psychoanalyse, der er sich als einer der ersten Schriftsteller bereits 1916 unterzog. Keine der neuen Errungenschaften aber hat ihm eine so ungetrübte Freude bereitet wie das Fliegen. Dieser Passion ein wenig nachzugehen, ist der Mühe wohl wert.

Am 1. Juli 1908 sah Hesse über seiner damaligen Wohnung im Bodenseedorf Gaienhofen erstmals »ein merkwürdiges Wunder: das große Luftschiff

Das vierte Zeppelin-Luftschiff über Hesses Wohnort Gaienhofen.
Zeitgenössische Postkarte, 1908.

von Zeppelin, das über uns wegflog und rauschte wie ein Raubvogel.« Sein gemächlicher Flug (denn mit 100 PS erreichte es nur eine Geschwindigkeit von maximal 50 Stundenkilometern) und seine Flughöhe von 200 bis 400 Metern gaben dem stromlinienförmigen Luftkörper etwas von einer Naturerscheinung. Noch mehrfach, so z. B. ein Jahr später, am 7. 10. 1909 auf der Frankfurter ILA (der ersten Internationalen Luftfahrt Ausstellung), bestaunt Hesse diese »fliegende Zigarre« ebenso sehnsuchtsvoll wie viele seiner Zeitgenossen, die von einem beispiellosen Zeppelinfieber ergriffen wurden. 1909 mußte es Albert Langen, einer von Hesses Verlegern, sogar mit dem Leben bezahlen, als er im offenen Automobil das Luftschiff einzuholen versuchte. Eine damals noch unheilbare Mittelohrentzündung war die Folge und setzte einer der vielversprechendsten Verlegerkarrieren des gerade vierzigjährigen »Simplicissimus«-Begründers ein allzu frühes Ende. Gleichwohl ließ sich Hesse von nichts abschrecken und griff zwei Jahre darauf, an einem Sonntag (dem 23. 7. 1911) die Gelegenheit beim Schopf, als ihn die Zeppelingesellschaft zu einem zweistündigen Rundflug einlud. In einem kurzen Brief an seinen Vater hat er darüber berichtet mit einem dem Anlaß durchaus angemessenen sprachlichen Höhenflug in Englisch, das er sich kurz zuvor autodidaktisch angeeignet hatte, um für eine Reise nach Indonesien gerüstet zu sein, die er zwei Monate später antreten sollte:

»Last sunday I was at Friedrichshafen, following to an invitation of the Zeppelin society, and I took a drive in the new airship ›Schwaben‹*. I was two hours in the air, over Lindau and Bregenz, till up to Feldkirch, by the finest weather, and I was very astonished to see, how comfortably the drive was effected. One has no uneasiness neither other sensations and it seemed to me the best manner of travelling. I would like to drive in this way to India! Now my english acquirements are exhausted.«**

Ausführlicheres darüber erfahren wir aus seiner Schilderung »Spazierfahrt in der Luft«, die er kurz darauf für das »Neue Wiener Tagblatt« verfaßte. Hier, wie auch in dem nachfolgenden Bericht über

* »Schwaben« war das zehnte von Zeppelin erbaute Luftschiff. Erst eine Woche bevor Hesse es benutzte, war das 140 Meter lange und 17800 m³ Gas fassende neue Flugboot eingeweiht worden. Es war nur ein knappes Jahr im Einsatz. Bis es im Juni 1912 in Düsseldorf explodierte, hatte es in 480 Flugstunden 27321 Kilometer zurückgelegt und dabei im Verlauf von 218 Fahrten insgesamt 4354 Personen befördert.

** »Am letzten Sonntag war ich auf Einladung der Zeppelin-Gesellschaft in Friedrichshafen und flog mit dem neuen Luftschiff ›Schwaben‹. Bei bestem Wetter war ich zwei Stunden lang in der Luft über Lindau und Bregenz bis hinauf nach Feldkirch und sehr überrascht, wie komfortabel der Flug war. Man empfindet dabei weder Unbehagen noch andere Aufregungen, und es schien mir die beste Art, unterwegs zu sein. Gerne würde ich auf diese Weise nach Indien reisen. Nun sind meine Englischkenntnisse erschöpft.«

das Fliegen in freier Luft (in offener Kabine) hält er Wahrnehmungen fest, die mittlerweile fast nur noch vom Fesselballon aus möglich sind. Der Reiz solcher Schilderungen liegt darin, daß heute, wo auch das Fliegen zur Selbstverständlichkeit geworden ist wie das Autofahren, das Telefonieren, das Fernsehen oder Faxen, darüber mit dem Erstaunen der Pionierzeit und einem Blick für Einzelheiten berichtet wird, der noch nicht durch Gewohnheit abgestumpft ist. Sinnlich erfaßt er das Überwinden der Schwerkraft, die Erweiterung der Optik und die Relativität der Proportionen, wenn mit zunehmendem Abstand alles, was zuvor das Blickfeld beherrschte, seine Autorität verliert und das vordem Große im Verhältnis zu seiner Umgebung ganz klein und beiläufig wird. Landesgrenzen werden illusorisch, und die politische Trennung brüderlicher Gebiete, wie die süddeutsche, schweizer und österreichische Voralpenlandschaft, erscheint so unbegreiflich, wie es Hesse bald darauf in seinem »Alemannischen Bekenntnis« zu bedenken gab. Mit ähnlichem Staunen hat sein Kollege Stefan Zweig 1937 anläßlich eines ersten TV-Interviews in London das damals noch ganz neue Medium Fernsehen beschrieben: Es sei amüsant, dabei »zu lernen, wie man zu ungesehenen Leuten sichtbar spricht«.

Das Luftschiff über Friedrichshafen am Bodensee.

Ob Hesse bei seinem ersten Flug im Luftschiff »Schwaben«* den Grafen Zeppelin (1838-1914) persönlich kennenlernte, ist ungewiß. Aber dessen Mitarbeiter und Nachfolger Hugo Eckener (1868-1954), der das Luftschiff gesteuert hat, ist ihm in bester Erinnerung geblieben. Noch fast zwei Jahrzehnte später, in seiner Betrachtung »Lektüre im Bett«, vermerkte er anläßlich des ersten Transatlantikfluges im Jahre 1928: »Aus einer Zeitungsnotiz erfahre ich, daß ein Zeppelinluftschiff unter der Führung von Dr. Eckener im Begriff sei, von Amerika zurückzufliegen. Also muß es vorher auch hinübergeflogen sein. Eine schöne Leistung! Diese Nachricht erfreut mich. Und wie viele Jahre habe ich nicht mehr an den Dr. Eckener gedacht, unter dessen Führung ich einst vor 17 Jahren meinen ersten Zeppelinflug über den Bodensee und den Arlberg machte. Ich erinnere mich eines kräftigen, eher wortkargen Mannes mit einem festen, zuverlässigen Kapitänsgesicht, dessen Gesicht und Namen ich mir damals gemerkt habe, obwohl ich nur wenige Worte mit ihm wechselte. Und nun ist also, nach all diesen vielen Jahren und Schicksalen, dieser Mann noch immer an der Arbeit, er hat weiter gemacht und ist schließlich bis Amerika geflogen, und weder Krieg, noch Inflation, noch persönliche Schicksale haben ihn abhalten können, seinen Dienst zu tun und seinen festen Kopf durchzusetzen. Ich sehe ihn noch deutlich vor mir, wie er damals im Jahr 1911, mir einige freundliche Worte sagte (er hielt mich vermutlich für einen Berichterstatter) und dann in seine Führergondel kletterte. Er ist im Krieg nicht General, er ist in der Inflation nicht Bankier geworden, er ist immer noch Schiffbauer und Kapitän, er ist seiner Sache treu geblieben.«

Solche Unbestechlichkeit hat Hesse seit jeher imponiert, schätzte er doch auch unter seinen Kollegen diejenigen am meisten, die ihr Können und ihren Ruhm nicht durch einträgliche Zugeständnisse an den jeweiligen Zeitgeist mißbraucht haben. Gleichwohl sah er die Wertschätzung, welche die Öffentlichkeit einzig den spektakulären Errungenschaften zu schenken bereit war, keineswegs unkritisch, was ein Brief aus dem Jahre 1929 belegt, worin es heißt: »Den Grafen Zeppelin hat der einstige Kaiser den ›größten Deutschen des Jahrhunderts‹ genannt, und sein Ingenieur ist heut einer der meistgenannten Männer der Welt. In derselben Zeit haben Hugo Ball, Rilke, Hofmannsthal gelebt und sind gestorben, und das deutsche Volk hat nichts davon gemerkt.« Anlaß zu dieser Äußerung war einer der Reklameflüge des Luftschiffes, den Hesse damals von seinem Züricher

Winterquartier am Schanzengraben aus beobachtet hat: »Soeben gab es vor dem Fenster Radau, und es liefen Menschen zusammen, da ging ich auf den Balkon und über die Dächer hinweg grau, aus grauen Wolken heraus, kam riesig der Zeppelin geflogen, sehr stolz und ein wenig lächerlich, ein wenig Hahn, ein wenig Pfau. Schön war es, wie er noch ganz nah und über der Stadt, nicht etwa hinter Dächer und Bäumen oder Bergen, sondern in die niederen Regenwolken hinein entschwand, die seine Farbe hatten ... Soeben erscheint der große Kerl wieder und fährt noch einmal über die Stadt. Er sieht in der Tat in den grauen Wolken hübsch aus, aber er macht viel Radau und dieses Reklamefliegen über der Stadt ist ja reine Bettelei, damit die Journalisten ihn nicht vergessen.« Als Hesse das notierte, war die Pionierzeit der Luftschifferei längst vorüber, und längst hatte er sich auch den Wunsch erfüllen können, mit dem sein erster Bericht über das Fliegen ausklang: »Ich schließe die Augen und fühle wieder das schwebend leichte, weiche Reisen durch die Luft, ich genieße wieder den Anblick der weit erschlossenen Landschaft und das Gefühl des Draußenseins aus allen irdischen Kleinigkeiten; und ich weiß gewiß: sobald ich wieder Gelegenheit finden werde zu fliegen, werde ich es mit tausend Freuden tun.«

Die nächste Luftreise, die er im März 1913 unternahm, kurz nach seiner Übersiedelung vom Bodensee nach Bern, war weniger lautlos und weich wie der gelassene Gleitflug in der komfortablen Gondel des Zeppelin. Er flog diesmal im Eindekker, einer einmotorigen Maschine mit Doppelsitz, deren Tragwerk und Propeller noch aus Holz bestanden. Damals war die Motorfliegerei eben erst dem Experimentierstadium entwachsen und hatte seit den ersten Flügen der Gebrüder Wright von 1908 bis 1913 mehr als hundert Piloten das Leben gekostet. Das Kopfschütteln von Hesses Freunden, sich als Familienvater auf ein so halsbrecherisches Abenteuer einzulassen, vermochte ihn jedoch nicht davon abzuhalten, auch diese neue Art zu fliegen auszuprobieren. Doch mit Oskar Bider, dem damals 21jährigen schweizerischen Flugpionier als Piloten, schien es ihm kein Risiko, sich diesem »Satansmöbel« zu einem Rundflug über seine neue Heimat anzuvertrauen.

Kurz zuvor, im Januar 1913, erst zwei Monate nach Abschluß seiner Pilotenausbildung, hatte Oskar Bider im zerbrechlichen Blériot-Eindecker mit einem Rotationsmotor von 70 PS die Flughöhe von 2000 Metern erreicht und es gewagt, als erster die Pyrenäen zu überfliegen. Sein nächstes Ziel war es, im kühnen Spiralflug die Höhe von

Der Schweizer Flugpionier Oskar Bider, mit dem Hesse 1913 seinen Rundflug über Bern unternahm.

3500 Metern zu überwinden und somit auch die heimischen Alpen bemeistern zu können. Um dieses Abenteuer zu finanzieren, organisierte er (ab März 1913) die frühesten Passagierflüge der Schweizer Luftfahrt. Der bekannteste seiner Mitflieger bei diesen etwa 200 Demonstrationsflügen war Hermann Hesse. Und schon drei Monate später (am 13. 7. 1913) ist es Bider dann tatsächlich geglückt, mit einem Flug von Bern nach Mailand seinen Traum zu verwirklichen und wiederum als erster auch die Alpen zu überfliegen, getreu seiner Devise: »Mut heißt Angst haben und es dennoch tun.«

Solche Unerschrockenheit hatte für Hesse etwas Wahlverwandtes. Wie Biders Lehrer, der Franzose Louis Blériot und der Engländer Hubert Latham, wie Zeppelin und Eckener, gehörte auch er zu den Abenteurern, mit denen Hesse sich als Dichter identifizieren konnte, weil in ihnen etwas »von der großen Sehnsucht war, die unsereinen zum Wandern und Reisen verlockt und einem das Stillsitzen so sauer macht, und die durch nichts zu stillen ist und durch jede Erfüllung noch tiefer und hungriger wird.«

Am Tag als Hesse diese Zeilen schrieb, hatte er den Rundflug über Bern gerade hinter sich und meldete dem Schriftstellerkollegen Emanuel von

Bodman: »Gestern nachmittag habe ich mir ein hervorragendes Vergnügen geleistet: ich bin mit dem Pyrenäen-Flieger Bider im Eindecker aufgestiegen und eine Weile in der Luft herumgesaust; es war schön und eindrücklich. Aber solche Sensationen haben Sie, als besserer Lebenskünstler, nicht nötig, während ich hie und da so eine Aufbügelung des Inneren brauche. Bern gefällt mir, ich hoffe hier allmählich anzuwurzeln. Das will viel heißen. Denn ich gelte zwar, einiger Erzählungen wegen, bei vielen für einen Heimatkünstler und Schollenprediger, bin aber das Gegenteil und habe nie Heimat gehabt.« (März 1913)

Seßhaftigkeit und Fernweh, kreative Konzentration und abenteuerliche Zerstreuung, zwischen diesen Extremen pulsiert sein damaliges Leben. So ist für Hesse auch die Begierde zu fliegen nichts anderes, »als jene gefährliche Lust unerschrocken zu denken, die Welt auf den Kopf zu stellen und von allen Dingen, Menschen und Ereignissen Antworten haben zu wollen«, schreibt er damals in seiner Betrachtung »Reiselust« und betont, daß diese Sehnsucht nicht mit Plänen und aus Büchern gestillt wird, »sie fordert mehr und kostet mehr. Man muß schon Herz und Blut daran rücken.« Daß viele Piloten für ihre Sehnsucht, die Schwerkraft zu überwinden, um neue Dimensionen der

Fortbewegung und Wahrnehmung zu erproben, notfalls auch ihr Leben riskierten, zog ihn als Künstler an. Und gleichermaßen fesselte ihn ihre einem eisernen Training abgewonnene Waghalsigkeit, wie auch Artisten ihn seit jeher faszinierten. Denn diese »haben den sogenannten Künstlern das voraus, daß sie unbedingt etwas können müssen, weil sie sich sonst den Hals brechen«, notiert er in einem Brief.

So ist er bei diesem zweiten Flug im offenen Eindecker kein gelassener Zuschauer mehr wie in der Gondel des gemächlich dahinziehenden Zeppelin, sondern unmittelbar dem donnernden Fahrtwind und der Kraft der Elemente ausgesetzt. Am eigenen Leib erfährt er nun die Gesetze der Aerodynamik, die Kapricen der Auf- und Abwinde in den von der Sonne ungleichmäßig erwärmten Dunstzonen und das Abenteuer, in deren Luftströmungen zu navigieren. In dieser zerbrechlichen Einpropellermaschine ist er ganz dem Piloten ausgeliefert und abhängig von dessen technischen und sportlichen Fähigkeiten, die Luftlöcher zu meistern. Der Reiz des Risikos, den er als Künstler ersehnt, intensives Lebensgefühl, verbunden mit Überblick und Ordnung schaffender Distanz, ist jetzt beieinander. Losgerissen aus den Niederungen des Alltäglichen, genießt er den

Rausch dieses endlich auch einmal mit der Außenwelt möglichen Zusammenklangs. Und wieder, wie schon im Zeppelin, erscheinen ihm die Alpen als ruhender Gegenpol, erhaben und unanfechtbar von den Turbulenzen unserer vergänglichen Strömungen und Bestrebungen. Doch die Bergmassive, so suggestiv und beneidenswert ihre Würde und Festigkeit, die Dauerhaftigkeit und Majestät ihrer Ausstrahlung auch sein mag, ihrer Schwerkraft nachzueifern, wäre tödlich. Deshalb gilt es, das Lebendige, die Launen der Lüfte zu nutzen, um wieder zurückkehren zu können zu den »Menschen, die da drunten so kleinlich und sonderbar wirtschaften, die den Wald frisiert und die Welt in kleine, unzählige Landfetzchen zerrissen haben ... Wir gleiten auf der elastischen Luft, die uns zuweilen mit leiser Schwellung prellt, wir fahren wachsam und flink hinunter wie ein Auto mit abgestelltem Motor einen Berg hinab und wie ein Skiläufer seine Halde hinuntergleitet ... mit einem sonderbaren Gefühl von Kleinheit und Scham steige ich aus, klettere auf die Erde hinab ... keines Gefühls noch Gedankens sicher, aber in allem, was ich an Sehnsucht und Abenteuerbedürfnis und unbezwinglich triebhaftem Fernweh in mir habe, neu erregt und gestärkt und vertieft.«

Sechs Jahre später, im Juli 1919, stürzte sein Pilot Oskar Bider bei einer Kunstflugvorführung ab und kam ums Leben. Dieses Unglück, aber auch Krieg und Inflation, mag die große Pause von 15 Jahren erklären, die verging, ehe Hesse erneut ein Flugzeug bestieg.

Den dritten und letzten Flug, den er beschrieben hat, von Berlin nach Zürich, mit einer Unterbrechung in Stuttgart, unternahm er am 10. 4. 1928. Mittlerweile war, beschleunigt durch die Luftfahrtentwicklung im Ersten Weltkrieg, die Flugtechnik erheblich ausgereifter. Seit 1919 gab es Langstreckenmaschinen für den zivilen Personen- und Frachtverkehr, Luftstraßen für die ersten Passagierflugzeuge, und schon bald hatte jede Großstadt einen eigenen kleinen Flughafen. 1926 war die Deutsche Lufthansa gegründet worden. Was Wunder, daß zu ihren ersten prominenten Gästen unter den Schriftstellern wie seinerzeit beim Zeppelinflug wieder Hermann Hesse zählte.

Ziel seiner Reise war ein Arztbesuch in Lankwitz, damals ein Vorort im Süden Berlins. Die Hinfahrt unternahm er in mehreren Etappen mit der Eisenbahn, um der Einladung zu Leseabenden u. a. in Stuttgart, Heilbronn und Weimar folgen zu können, aber auch um seine Freundin und künftige Lebensgefährtin Ninon (Dolbin, geb. Ausländer) den schwäbischen Verwandten und Freunden in Blaubeuren, Ulm, Ludwigsburg, Calw und Maulbronn vorzustellen. Höhepunkt dieser Reise war für Hesse ein zweitägiger Aufenthalt in Würzburg und die Begegnung mit der Figurenwelt des Würzburger Bildhauers und Holzschnitzers Tilman Riemenschneider für seinen nächsten Roman »Narziß und Goldmund«.

Die Weiterreise über Weimar, Leipzig und Halle nach Berlin im »überfüllten Eisenbahnwagen, wo die Luft so schlecht ist und aus deren Fenstern man stundenlang nur Bahnhöfe und Fabriken zu sehen bekommt«, scheint ihn so deprimiert zu haben, daß er sie nicht wiederholen mochte, schon gar nicht allein. Denn von Berlin aus war seine Begleiterin nach Paris weitergereist. So wählte er für die Rückfahrt das Flugzeug, »rief schleunigst das nächste Büro der Lufthansa an, um nach Erfüllung einiger Zeremonien, unter strenger Bewachung und Bevormundung durch zahlreiche Luftbeamte, in das vortreffliche Fahrzeug zu steigen, und schnurrte zufrieden in die Luft hinauf.«

In den damaligen Verkehrsmaschinen, die Platz für kaum 20 Personen boten, gab es noch keine Klima- und Druckausgleichanlagen. Doch da sie nicht sehr hoch flogen, scheint dies keine allzu großen Probleme bereitet zu haben. Im Gegenteil vermerkt Hesse, abgesehen vom lästigen Lärm der Propeller, nur positive Eindrücke: »Es schwelgte das Körpergefühl, der Tastsinn, der Gleichgewichtssinn – im Schweben durch die Luft, deren Körperlichkeit man deutlich empfand, gab es eine Menge von feinen, sinnlichen Sensationen.« Und auch die Flughöhe ermöglichte eine wohltuende Illusion, den Abstand von den Kleinlichkeiten des Alltags: »Man braucht nur ein paar hundert Meter Luft zwischen sich und die Erde, zwischen sich und das 20. Jahrhundert zu bringen, dann wurden sie äußerst freundlich und friedlich, wußten nichts von Not, nichts von Krieg, nichts von Gemeinheit.«

Als ein Freund der Wolken – es gibt wohl bei keinem anderen Dichter so hinreißende Wolkenbeschreibungen wie bei Hesse – genießt er das Konzert ihrer Beleuchtungen und Farben. Wie der befreundete Schriftsteller Ernst Penzoldt war auch Hesse ein Wolkenphysiognomiker. Schon in seinem ersten Roman »Peter Camenzind« rühmt der Heimatlose die Unbehausten: »Zeigt mir in der weiten Welt den Mann, der die Wolken besser kennt und mehr lieb hat als ich! Oder zeigt mir das Ding in der Welt, das schöner ist als Wolken sind!

Sie sind Spiel und Augentrost, sie sind Segen und Gottesgabe, sie sind Zorn und Todesmacht. Sie sind zart, weich und friedlich wie die Seelen von Neugeborenen, sie sind schön, reich und spendend wie gute Engel, sie sind dunkel, unentrinnbar und schonungslos wie die Sendboten des Todes. Sie schweben silbern in dünner Schicht, sie segeln lachend weiß mit goldenem Rand, sie stehen rastend in gelben, roten und bläulichen Farben. Sie schleichen finster und langsam wie Mörder, sie jagen sausend kopfüber wie rasende Reiter, sie hängen traurig und träumend in bleichen Höhen wie schwermütige Einsiedler. Sie haben die Formen von seligen Inseln und die Formen von segnenden Engeln, sie gleichen drohenden Händen, flatternden Segeln, wandernden Kranichen. Sie schweben zwischen Gottes Himmel und der armen Erde als schöne Gleichnisse aller Menschensehnsucht, beiden angehörig – Träume der Erde, in welchen sie ihre befleckte Seele an den reinen Himmel schmiegt. Sie sind das ewige Sinnbild allen Wanderns, allen Suchens, Verlangens und Heimbegehrens. Und so, wie sie zwischen Erde und Himmel zag und sehnend und trotzig hängen, so hängen zart und sehnend und trotzig die Seelen der Menschen zwischen Zeit und Ewigkeit...«

Schilderungen wie diese lassen ahnen, was Hesse den Wolken abgewonnen hätte, wären 1928 die Verkehrsflugzeuge bereits so hoch wie heute geflogen, wo man das Meer der Wolken und ihre Formationen von oben herab erleben kann. Ernst Penzoldt hat dies zwei Jahrzehnte später bei einem Flug in dreitausend Metern Höhe beschrieben und vor der Landung, beim Durchqueren der Wolkenschichten, an Hesses berühmtes Gedicht »Seltsam im Nebel zu wandern« gedacht: »Das Wolkenpanorama, die polare Wattelandschaft ist schon der Mühe wert ... Welch eine Fülle von Gesichtern, von Luftgeistern, jagenden Pferden, weißen Büffelherden, gewaltigem Blumenkohl oder Allongeperücken«. Und dazu das freilich trügerische, aber beruhigende Gefühl, weich zu fallen, »denn man fiele, wie auf lauter Federbetten. Dann flogen wir eine Stunde lang in der Waschküche des Hochnebels. Seltsam im Nebel zu fliegen! Alles Grau in Grau, nur der Wirbel der Propeller ist um einen Schatten dunkler. Man fühlt sich ausgeliefert an seine blühende Phantasie.«

Was Hesse oberhalb der Wolken freilich kaum hätte wahrnehmen können, war sein Eindruck, daß jenes Deutschland, wie es sich ihm kurz zuvor vom Zug aus dargestellt hatte, »dieses düstere, rauchende, aus Zement und Wellblech bestehende

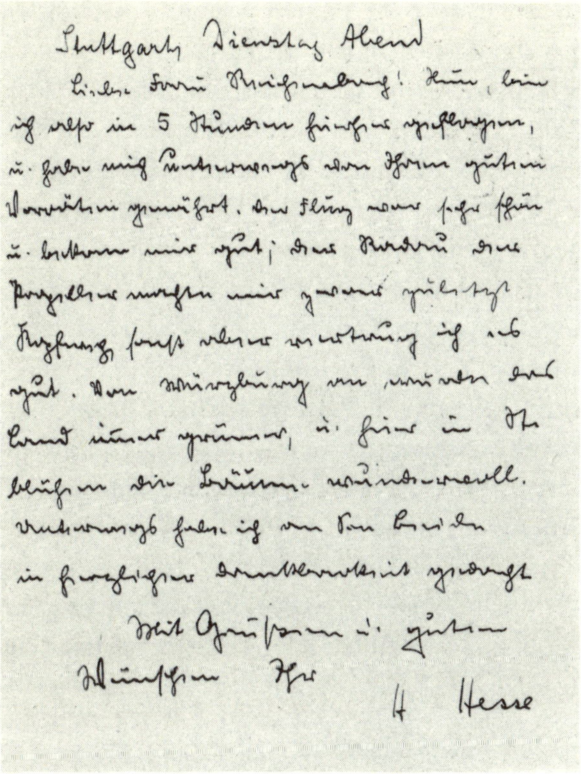

Stuttgart, Dienstag Abend

Liebe Frau Reichenbach! Nun bin ich also in 5 Stunden hierher geflogen, u. habe mich unterwegs von Ihren guten Vorräten genährt. Der Flug war sehr schön u. bekam mir gut; der Radau der Propeller machte mir zwar zuletzt Kopfweh, sonst aber vertrug ich es gut. Von Würzburg an wurde das Land immer grüner, u. hier in St. blühen die Bäume wundervoll. Unterwegs habe ich an Sie beide in herzlicher Dankbarkeit gedacht.

Mit Grüßen u. guten Wünschen Ihr

H Hesse

». . . Nun bin ich also in 5 Stunden hierher geflogen, und habe mich unterwegs von Ihren guten Vorräten genährt. Der Flug war sehr schön und bekam mir gut; der Radau der Propeller machte mir zwar zuletzt Kopfweh, sonst aber vertrug ich es gut. Von Würzburg an wurde das Land immer grüner, und hier in St[uttgart] blühen die Bäume wundervoll.« Postkarte an Elselore Reichenbach vom 17. 4. 1928 aus Stuttgart

Deutschland« eine Fiktion war: »Es bestand weder aus Zement noch aus Blech, weder aus Fabriken noch aus Bahnhöfen, sondern aus lauter Wald und Erde, aus Äckern, Hügeln und Flüssen ... dies Berlin, dies Halle und Leipzig, sie waren kleine, unwesentliche Entstellungen, sie waren kleine Sommersprossen auf dem Gesicht Deutschlands ... Diese Entdeckung tat mir unendlich wohl.« Nach einer Zwischenlandung in Stuttgart berichtet er ähnliches auch in einem an seine Freundin in Paris gerichteten Brief: »Der Kopf brummt mir zwar noch scheußlich von dem Lärm, den die Propeller machten, denn ich bin heut in fünf Stunden von Berlin nach Stuttgart geflogen, in einem bequemen sehr großen Flugzeug über halb Deutschland weg. Es ist mir gut bekommen, das wollte ich Dir melden, ich habe viel gesehen: die Erde sieht aus der Höhe von 600 bis 1200 Metern oft wunderbar aus, ich meine die Farben der nackten Erde, der leeren Felder, der Sanddünen etc. Und auch der Flug über die Wald- und Gebirgszüge von Thüringen war köstlich. Ich sah da von dem Schnee, den wir vor vierzehn Tagen dort hatten, noch die letzten kleinen Flecken da und dort in den Schluchten liegen.« Das Schöne am Fliegen im Gegensatz zur Eisenbahn sei, daß man überall noch so viel Wald, Sand, Felder,

Heide sehen konnte und »daß die Städte und Fabriken verhältnismäßig kleine Schandflecken darin sind.« Mit Ausnahme von Würzburg, das er im Rückblick an den gemeinsamen Aufenthalt nun auch von der Luft aus sieht: »Und jetzt kommt das Merkwürdigste: Nachmittags, so um etwa 2 oder 3 Uhr, flog ich im Sonnenschein etwa 900 m hoch, senkrecht über Würzburg weg, genau über die Residenz und den Hofgarten, und sah jede Brücke, Straße, Kirche rasch wieder: das Käppele, den Fluß, St. Burkhard und alles! Das war das Schönste unterwegs.«

Wieder, wie schon nach den beiden vorherigen Flügen, ist seine Lust auf weitere Abenteuer in der Luft immer noch nicht gestillt, denn auch nach dem dritten Mal spricht er die Hoffnung aus: »Sobald es Flugzeuge mit langen Dauerflügen geben wird, in denen man wie auf einem Segelschiff wochen- und monatelang leben kann, werde ich mich bei der Lufthansa nach den Bedingungen erkundigen.«

Doch dazu ist es nicht mehr gekommen. Nur einen einzigen Flug nach Deutschland hat er acht Jahre später noch unternommen, von Zürich nach Hannover, um sich von seinem Augenarzt in Bad Eilsen neue Brillen anpassen zu lassen. Dort traf er erst-

Hermann Hesse am 25. 8. 1936 mit Fritz Leuthold auf dem Züricher Flughafen, kurz vor seinem letzten Flug (Zürich–Hannover), zum Augenarzt Maximilian Graf von Wiser, nach Bad Eilsen.

mals auch Peter Suhrkamp, seinen neuen Verleger, der ihn über jene kulturpolitischen Schikanen der neuen Machthaber in Deutschland informierte, die brieflich mitzuteilen wegen der Postzensur zu gefährlich gewesen wäre. Das Deutschland, das Hesse 1936 wiedersah, hat ihm offenbar so wenig gefallen, daß ihm die Lust verging, den Flug oder die wenigen Tage, die er dort bleiben mußte, wie seine vorherigen Luftreisen zu beschreiben.

Denn einen größeren Gegensatz zu jenem eigentlichen Deutschland, das er acht Jahre zuvor in »Narziß und Goldmund« zu reaktivieren versucht hatte, ließ sich kaum denken. (»Ich aber habe in diesem Buch der Idee von Deutschland und deutschem Wesen, die ich seit Kindheit in mir hatte, einmal Ausdruck gegeben und ihr meine Liebe gestanden – gerade weil ich alles, was heute spezifisch ›deutsch‹ ist, so sehr hasse«, schrieb er damals in einem Brief.) Es war sein letzter Aufenthalt in der alten Heimat. Nie mehr im Leben ist er nach Deutschland zurückgekehrt, und auch geflogen ist er danach nie wieder. Leider – sonst hätten wir gewiß noch weitere Berichte über die Fortschritte der Luftfahrt und über das außerordentliche Lebensgefühl, das jedes Überschreiten von Grenzen erlaubt, welche die Natur unseren Bewegungs- und Sinnesorganen gesetzt hat.

Otto Lilienthal in seinem Gleitflugapparat, mit dem er 1896 tödlich verunglückte.

Quellennachweis

Spazierfahrt in der Luft: Erstdruck in »Neues Wiener Tagblatt« vom 30. 7. 1911. Aufgenommen in H. Hesse, »Die Kunst des Müßiggangs«. Kurze Prosa aus dem Nachlaß. Herausgegeben von Volker Michels, Frankfurt am Main 1973.

Wolken: Passage aus der gleichnamigen Betrachtung. Erstdruck in »Württemberger Zeitung«. (Beilage »Schwabenspiegel«), Stuttgart vom 26. 5. 1908.

Weiße Wolken: Erstdruck in »Gedichte von Hermann Hesse«, Band III der Reihe »neue deutsche Lyriker«. Herausgegeben von Carl Busse. Grote'sche Verlagsbuchhandlung Berlin, 1902. Aufgenommen in H. Hesse, »Die Gedichte«, Frankfurt am Main 1977.

Im Flugzeug: Erstdruck in »Kölnische Zeitung« vom 21. 3. 1913. Aufgenommen in H. Hesse, »Die Kunst des Müßiggangs« a. a. O.

Fahrt im Aeroplan: Geschrieben im März 1913. Erstdruck in »Neues Wiener Tagblatt vom 15. 11. 1913. Aufgenommen in H. Hesse, »Die Gedichte« (Nachlese), zusammengestellt von Volker Michels, Frankfurt am Main 1977.

Luftreise: Erstdruck u. d. T. »Spazierenfliegen« in »Berliner Tagblatt« vom 21. 4. 1928. Aufgenommen in H. Hesse, »Die Kunst des Müßiggangs« a. a. O.

Volker Michels, »Und alle Nähe ist versunken«. Hermann Hesse im Flugzeug. Erstdruck in der limitierten Sonderausgabe H. Hesse, »Luftreisen«, Büchergilde Gutenberg, Frankfurt am Main 1993. Der Text wurde für die vorliegende insel taschenbuch-Ausgabe geringfügig revidiert und erweitert.

Abbildungsverzeichnis

Bildarchiv des Herausgebers: 4, 26, 28, 69, 79, 82. Zeppelinmuseum Friedrichshafen: 20. Fliegermuseum CH-8600 Dübendorf: 35. dpa Frankfurt am Main: 42, 44, 49, 51, 56, 64, 83. Foto Michel, Frankfurt am Main: 13.

Hermann Hesse
im Suhrkamp Verlag und Insel Verlag

Gesammelte Schriften in sieben Bänden. Leinen und Leder

Gesammelte Briefe in vier Bänden. Unter Mitwirkung von Heiner Hesse herausgegeben von Ursula und Volker Michels. Leinen

Gesammelte Werke. Werkausgabe in den suhrkamp taschenbüchern in zwölf Bänden. st 1600

Gesammelte Erzählungen. Geschenkausgabe mit farbigem Dekorüberzug in Schmuckkassette. Sechs Bände.

Die Romane und die großen Erzählungen. Jubiläumsausgabe mit farbigem Dekorüberzug in Schmuckkassette. Acht Bände.

Hermann Hesse Lesebücher

Jedem Anfang wohnt ein Zauber inne. Lebensstufen. Zusammengestellt von Volker Michels. Paperback

Eigensinn macht Spaß. Individuation und Anpassung. Zusammengestellt von Volker Michels. Paperback

Wer lieben kann, ist glücklich. Über die Liebe. Zusammengestellt von Volker Michels. Paperback

Die Hölle ist überwindbar. Krisis und Wandlung. Zusammengestellt von Volker Michels. Paperback

Das Stumme spricht. Herkunft und Heimat. Natur und Kunst. Zusammengestellt von Volker Michels. Paperback

Die Einheit hinter den Gegensätzen. Religionen und Mythen. Zusammengestellt von Volker Michels. Paperback

Einzelausgaben

Aus Indien. Aufzeichnungen, Tagebücher, Gedichte, Betrachtungen und Erzählungen. Neu zusammengestellt und ergänzt von Volker Michels. st 562

Aus Kinderzeiten. Gesammelte Erzählungen Band 1. 1900-1905. Zusammengestellt von Volker Michels. st 347

Bäume. Betrachtungen und Gedichte. Mit Fotografien von Imme Techentin. Zusammenstellung der Texte von Volker Michels. it 455

Bericht aus Normalien. Humoristische Erzählungen, Gedichte und Anekdoten. Herausgegeben und mit einem Nachwort von Volker Michels. st 1308

Berthold. Erzählung. st 1198

Beschreibung einer Landschaft. Schweizer Miniaturen. Herausgegeben und mit einem Vorwort versehen von Siegfried Unseld. st 1970

Der Bettler. Zwei Erzählungen. Mit einem Nachwort von Max Rychner. st 1376

14/1/7.93

Hermann Hesse
im Suhrkamp Verlag und Insel Verlag

Casanovas Bekehrung und Pater Matthias. Zwei Erzählungen. st 1196

Demian. Die Geschichte von Emil Sinclairs Jugend. BS 95 und st 206

Eigensinn. Autobiographische Schriften. Auswahl und Nachwort von Siegfried Unseld. BS 353

Emil Kolb. Erzählung. st 1202

Der Europäer. Gesammelte Erzählungen Band 3. 1909-1918. Zusammengestellt von Volker Michels. st 384

Franz von Assisi. Mit Fresken von Giotto und einem Essay von Fritz Wagner. it 1069

Freunde. Erzählung. st 1284

Gedenkblätter. Erinnerungen an Zeitgenossen. Neu durchgesehen und um Texte aus dem Nachlaß ergänzt von Volker Michels. st 963

Die Gedichte. 1892-1962. 2 Bde. Neu eingerichtet und um Gedichte aus dem Nachlaß erweitert von Volker Michels. st 381

Die Gedichte. Herausgegeben und mit einem Nachwort versehen von Volker Michels. Leinen

Gedichte des Malers. Zehn Gedichte mit farbigen Zeichnungen. it 893

Gertrud. Roman. st 890

Das Glasperlenspiel. Versuch einer Lebensbeschreibung des Magister Ludi Josef Knecht samt Knechts hinterlassenen Schriften. Leinen und st 79

Glück. Späte Prosa. Betrachtungen. BS 344

Die Heimkehr. Erzählung. st 1201

Hermann Hesse Lesebuch. Ausgewählt und herausgegeben von Volker Michels. st 1975

Hermann Lauscher. Mit frühen, teils unveröffentlichten Zeichnungen und einem Nachwort von Gunter Böhmer. it 206

Heumond. Erzählung. st 1194

Im Garten. Betrachtungen und Gedichte. Zusammengestellt und mit einem Nachwort von Volker Michels. Mit zahlreichen Abbildungen. it 1329

In der alten Sonne. Erzählung. st 1378

Innen und Außen. Gesammelte Erzählungen Band 4. 1919-1955. st 413

Iris. Ausgewählte Märchen. BS 369

Italien. Schilderungen, Tagebücher, Gedichte, Aufsätze, Buchbesprechungen und Erzählungen. Herausgegeben und mit einem Nachwort von Volker Michels. st 689

Jahreszeiten. Betrachtungen, Gedichte und Aquarelle zu den 12 Monaten. Herausgegeben von Volker Michels. Großdruck. it 2339

Josef Knechts Lebensläufe. BS 541

14/2/7.93

Hermann Hesse
im Suhrkamp Verlag und Insel Verlag

Karl Eugen Eiselein. Erzählung. st 1192

Kinderseele. Erzählung. st 1203

Kindheit des Zauberers. Ein autobiographisches Märchen. Handgeschrieben, illustriert und mit einer Nachbemerkung versehen von Peter Weiss. it 67

Kindheit und Jugend vor Neunzehnhundert. Hermann Hesse in Briefen und Lebenszeugnissen. Band 1: 1877- 1895. Ausgewählt und herausgegeben von Ninon Hesse. Leinen und st 1002

Kindheit und Jugend vor Neunzehnhundert. Hermann Hesse in Briefen und Lebenszeugnissen. Band 2: 1895-1900. Herausgegeben von Ninon Hesse. Fortgesetzt und erweitert von Gerhard Kirchhoff. Leinen und st 1150

Klein und Wagner. Novelle. st 116

Kleine Freuden. Verstreute und kurze Prosa aus dem Nachlaß. Herausgegeben und mit einem Nachwort von Volker Michels. st 360

Klingsors letzter Sommer. Erzählung mit farbigen Bildern vom Verfasser. BS 608

Klingsors letzter Sommer. Erzählung. st 1195

Knulp. Drei Geschichten aus dem Leben Knulps. BS 75

Knulp. Drei Geschichten aus dem Leben Knulps. Mit dem Fragment ›Knulps Ende‹. Mit sechzehn Steinzeichnungen von Karl Walser. it 394

Knulp. Erweitert um Fragmente aus dem Nachlaß. st 1571

Krisis. Ein Stück Tagebuch. BS 747

Die Kunst des Müßiggangs. Kurze Prosa aus dem Nachlaß. Herausgegeben und mit einem Nachwort von Volker Michels. st 100

Kurgast. Aufzeichnungen von einer Badener Kur. st 383

Ladidel. Erzählung. st 1200

Der Lateinschüler. Erzählung. st 1193

Legenden. Zusammengestellt von Volker Michels. BS 472 und st 909

Lektüre für Minuten. Gedanken aus seinen Büchern und Briefen. Herausgegeben von Volker Michels. Paperback und st 7

Lektüre für Minuten. Neue Folge. Gedanken aus seinen Büchern und Briefen. Herausgegeben von Volker Michels. st 240

Das Lied des Lebens. Die schönsten Gedichte. Paperback

Eine Literaturgeschichte in Rezensionen und Aufsätzen. Herausgegeben von Volker Michels. st 252

Die Märchen. Zusammengestellt von Volker Michels. st 291

Magie der Farben. Aquarelle aus dem Tessin. Mit Betrachtungen und Gedichten zusammengestellt und mit einem Nachwort versehen von Volker Michels. it 482

14/3/7.93

Hermann Hesse
im Suhrkamp Verlag und Insel Verlag

Magie des Buches. Betrachtungen. BS 542
Die Marmorsäge. Zwei Erzählungen. st 1381
Mein Glaube. Eine Dokumentation. Auswahl und Nachwort von Siegfried Unseld. BS 300
Mit der Reife wird man immer jünger. Betrachtungen und Gedichte über das Alter. Herausgegeben von Volker Michels. Großdruck. it 2311
Mit Hermann Hesse durch das Jahr. Mit Reproduktionen von 13 aquarellierten Federzeichnungen von Hermann Hesse. Paperback
Mit Hermann Hesse durch Italien. Ein Reisebegleiter durch Oberitalien. Mit farbigen Fotografien. Herausgegeben von Volker Michels. it 1120
Mit Hermann Hesse reisen. Betrachtungen und Gedichte. Herausgegeben von Volker Michels. it 1242
Die Morgenlandfahrt. Eine Erzählung. BS 1 und st 750
Musik. Betrachtungen, Gedichte, Rezensionen und Briefe. Mit einem Essay von Hermann Kasack. Eine Dokumentation. Ausgewählt und zusammengestellt von Volker Michels. BS 483 und st 1217
Narziß und Goldmund. Erzählung. BS 65 und st 274
Die Nürnberger Reise. st 227
Peter Camenzind. Erzählung. st 161
Piktors Verwandlungen. Ein Liebesmärchen, vom Autor handgeschrieben und illustriert, mit ausgewählten Gedichten und einem Nachwort versehen von Volker Michels. it 122
Politik des Gewissens. Die politischen Schriften. 1914-1962. 2 Bände. Vorwort von Robert Jungk. Herausgegeben von Volker Michels. Leinen und st 656
Robert Aghion. Erzählung. st 1379
Roßhalde. Roman. st 312
Schmetterlinge. Betrachtungen, Erzählungen, Gedichte. Zusammengestellt und mit einem Nachwort versehen von Volker Michels. it 385
Schön ist die Jugend. Erzählung. st 1380
Schriften zur Literatur. Band 1. Leinenkaschiert
Schriften zur Literatur. Band 2. Leinenkaschiert
Siddhartha. Eine indische Dichtung. BS 227 und st 182
Sinclairs Notizbuch. Mit aquarellierten Federzeichnungen des Verfassers. BS 839
Die späten Gedichte. Mit einer Nachbemerkung. IB 803
Die Stadt. Ein Märchen, ins Bild gebracht von Walter Schmögner. it 236
Der Steppenwolf. Aquarelle von Gunter Böhmer. BS 869

14/4/7.93

Hermann Hesse
im Suhrkamp Verlag und Insel Verlag

Der Steppenwolf. Erzählung. st 175
Stufen. Ausgewählte Gedichte. BS 342
Stunden im Garten. Zwei Idyllen. Mit teils farbigen Zeichnungen von Gunter Böhmer. IB 999
Tessin. Betrachtungen und Gedichte. Mit ca. 32 Aquarellen des Verfassers. Herausgegeben und eingeleitet von Volker Michels. Leinen und it 1494
Tractat vom Steppenwolf. Nachwort von Beda Allemann. es 84
Unterm Rad. Roman in der Urfassung. Herausgegeben und mit einem Essay von Volker Michels. Illustrationen Gunter Böhmer. Leinen und BS 981
Unterm Rad. Erzählung. st 52
Der verbannte Ehemann oder Anton Schievelbeyn's ohnfreywillige Reisse nacher Ost-Indien. Handgeschrieben und illustriert von Peter Weiss. Mit einem erstmals veröffentlichten Opernlibretto von Hermann Hesse. it 260
Die Verlobung. Gesammelte Erzählungen Band 2. 1906-1908. st 368
Der vierte Lebenslauf Josef Knechts. Zwei Fassungen. Mit einem Nachwort von Theodore Ziolkowski. Herausgegeben von Ninon Hesse. st 1261
Vom Baum des Lebens. Ausgewählte Gedichte. Mit einem Nachwort von Volker Michels. IB 45 4
Von guten Büchern. Rezensionen aus den Jahren 1900-1910. Herausgegeben von Volker Michels in Zusammenarbeit mit Heiner Hesse. Leinen
Von Wesen und Herkunft des Glasperlenspiels. Die vier Fassungen der Einleitung zum Glasperlenspiel. Herausgegeben und mit einem Essay »Zur Entstehung des Glasperlenspiels« von Volker Michels. st 382
Walter Kömpff. Erzählung. st 1199
Wanderung. Aufzeichnungen mit farbigen Bildern vom Verfasser. BS 444
Die Welt der Bücher. Betrachtungen und Aufsätze zur Literatur. Zusammengestellt von Volker Michels. st 415
Der Weltverbesserer und Doktor Knölges Ende. Zwei Erzählungen. st 1197
Zarathustras Wiederkehr. Ein Wort an die deutsche Jugend und andere Aufrufe gegen den Herdengeist von rechts und links. Herausgegeben von Volker Michels. st 2228
Der Zwerg. Ein Märchen. Mit Illustrationen von Rolf Köhler. it 636
Der Zyklon. Zwei Erzählungen. st 1377

14/5/7.93

Hermann Hesse
im Suhrkamp Verlag und Insel Verlag

Briefe

Ausgewählte Briefe. Erweiterte Ausgabe. Zusammengestellt von Hermann Hesse und Ninon Hesse. st 211

Briefe an Freunde. Rundbriefe 1946-1962. Zusammengestellt von Volker Michels. st 380

Hermann Hesse – Rudolf Jakob Humm. Briefwechsel. Herausgegeben von Ursula und Volker Michels. Leinen

Hermann Hesse – Thomas Mann. Briefwechsel. Herausgegeben von Anni Carlsson (1968), erweitert von Volker Michels (1975), mit einem Vorwort von Prof. Theodore Ziolkowski, aus dem Amerikanischen übersetzt von Ursula Michels-Wenz. Leinen und BS 441

Hermann Hesse – Peter Suhrkamp. Briefwechsel 1945-1959. Herausgegeben von Siegfried Unseld. Leinen

Aquarelle

Hermann Hesse – Kalender auf das Jahr 1994. Mit 13 farbig reproduzierten Aquarellen des Dichters und Leitgedanken aus Hermann Hesses Werken in Handschriften des Verfassers

Hermann Hesse als Maler. 44 Aquarelle mit Texten von Hermann Hesse. Ausgewählt und mit einem Nachwort versehen von Volker Michels. Leinen

Schallplatten

Hermann Hesse – Sprechplatte. Langspielplatte

Hermann Hesse liest ›Über das Alter‹. Zusammengestellt von Volker Michels. Langspiel-Sprechplatte

Materialien, Literatur zu Hermann Hesse

Hermann Hesse. Sein Leben in Bildern und Texten. Mit einem Vorwort von Hans Mayer. Herausgegeben von Volker Michels. Leinen und it 1111

Hermann Hesse. Leben und Werk im Bild. Mit dem ›kurzgefaßten Lebenslauf‹ von Hermann Hesse. it 36

Hermann Hesse in Augenzeugenberichten. Herausgegeben von Volker Michels. Leinen und st 1865

Materialien zu Hermann Hesse, ›Demian‹. 1. Band: Entstehungsgeschichte. Herausgegeben von Volker Michels. st 1947

Materialien zu Hermann Hesses ›Das Glasperlenspiel‹. Erster Band. Texte von Hermann Hesse. Herausgegeben von Volker Michels. st 80

Materialien zu Hermann Hesses Siddhartha. Erster Band. Texte von Hermann Hesse. Herausgegeben von Volker Michels. st 129

14/6/7.93

Hermann Hesse
im Suhrkamp Verlag und Insel Verlag

Texte über Siddhartha. Zweiter Band. Herausgegeben von Volker Michels. st 282

Materialien zu Hermann Hesses ›Der Steppenwolf‹. Herausgegeben von Volker Michels. st 53

Über Hermann Hesse. Erster Band (1904-1962). Herausgegeben von Volker Michels. st 331

Über Hermann Hesse. Zweiter Band (1963-1977). Herausgegeben von Volker Michels. st 332

Hermann Hesses weltweite Wirkung. Internationale Rezeptionsgeschichte. Band 1. Herausgegeben von Martin Pfeifer. st 386

Hermann Hesses weltweite Wirkung. Internationale Rezeptionsgeschichte. Band 2. Herausgegeben von Martin Pfeifer. st 506

Hermann Hesses weltweite Wirkung. Internationale Rezeptionsgeschichte. Band 3. Herausgegeben von Martin Pfeifer. st 1927

Hugo Ball: Hermann Hesse. Sein Leben und sein Werk. st 385

Ralph Freedman: Hermann Hesse. Autor der Krisis. Eine Biographie. Aus dem Amerikanischen von Ursula Michels-Wenz. Kartoniert und st 1991

Marie Hesse: Ein Lebensbild in Briefen und Tagebüchern. Mit einem Essay von Siegfried Greiner. Mit frühen Lithographien von Gunter Böhmer. it 261

Adrian Hsia: Hermann Hesse und China. Darstellung, Materialien und Interpretation. Gebunden und st 673

Reso Karalaschwili: Hermann-Hesse-Studien. st 2156

Gisela Kleine: Zwischen Welt und Zaubergarten. Ninon und Hermann Hesse: Leben im Dialog. st 1384

Martin Pfeifer: Hesse-Kommentar zu sämtlichen Werken. st 1740

Siegfried Unseld: Begegnungen mit Hermann Hesse. st 218

Siegfried Unseld: Hermann Hesse. Werk und Wirkungsgeschichte. Revidierte und erweiterte Fassung der Ausgabe von 1973. Mit zahlreichen Abbildungen. Leinen und it 1112

14/7/7.93

Anthologien
im insel taschenbuch

Alle Jahre wieder. Ein Weihnachtsbuch mit Geschichten, Liedern und Bildern. Ausgewählt von Gottfried Natalis. it 1362

Alt-Prager Geschichten. Gesammelt von Peter Demetz. Mit Illustrationen von Hugo Steiner- Prag. it 613

Alt-Wiener Geschichten. Gesammelt von Joseph Peter Strelka. Mit sechs farbigen Abbildungen. it 784

Das andere Ferienbuch. Herausgegeben von Vera Pagin und Hans-Joachim Simm. it 1174

Arm und Reich. Geschichten und Gedichte. Ausgewählt von Ralf Borchers. it 1031

Bäume. Das Insel-Buch der Bäume. Gedichte und Prosa. Ausgewählt und herausgegeben von Gottfried Honnefelder. Mit sechzehn Farbtafeln. it 1041

Briefe berühmter Frauen. Von Liselotte von der Pfalz bis Rosa Luxemburg. Herausgegeben von Claudia Schmölders. it 1505

Das Buch der Liebe. Gedichte und Lieder, ausgewählt von Elisabeth Borchers. it 82

Ermutigungen. Das Insel-Buch der Tröstungen. Gedichte und Prosa. Ausgewählt von Rainer Malkowski. it 1053

Das Ferienbuch. Literarische Souvenirs, aufgelesen von Vera Pagin und Hans-Joachim Simm. it 1082

Das Frühlingsbuch. Gedichte und Prosa. Herausgegeben von Hans Bender und Nikolaus Wolters. it 914

Geheimnisse des Wassers. Märchen und Geschichten. Gesammelt von Felix Karlinger. it 1331

Geschichten aus dem alten Prag. Sippurim-Geschichten. Ausgewählt und mit einem Nachwort versehen von Peter Demetz. it 1519

Geschichten vom Sport. Gesammelt und in Form gebracht von Bernd Goldmann und Bernhard Schwank. it 1535

Das Gespensterbuch. Herausgegeben von Johann August Apel und Friedrich Laun. Ausgewählt von Robert Stockhammer. it 1388

Glück. Erkundigungen, eingeholt von Gottfried Honnefelder. it 1459

Der Golem. Geschichten um eine Legende. Herausgegeben von Franz-Heinrich Hackel. it 1036

Das Herbstbuch. Gedichte und Prosa. Herausgegeben von Hans Bender. it 657

Das Hundebuch. Geschichten und Gedichte von Hunden und ihren Herren. Gesammelt von Gottfried Honnefelder. it 785

Ich wollt in Liedern oft Dich preisen. Gedichte an den Lebensgefährten. Herausgegeben von Cordula Gerhard. it 1552

163/1/11.93

Anthologien
im insel taschenbuch

Imaginäre Reisen. Herausgegeben von Joseph Peter Strelka. it 1306

Die Insel-Weihnachtskassette. Das Weihnachtsbuch. Das Weihnachtsbuch für Kinder. Das Weihnachtsbuch der Lieder. 3 Bde. in Kassette. it 45/156/157

Gerhard Kaiser: Augenblicke deutscher Lyrik. Von Martin Luther bis Paul Celan. it 978

Das Katzenbuch. Von Katzen und ihren Freunden. Geschichten, Gedichte, Bilder. Gesammelt von Hans Bender und Hans Georg Schwark. it 567

Liebe Mutter. Eine Sammlung von Elisabeth Borchers. it 230

Liebe und Tod in Wien. Geschichten aus einer Stadt. Herausgegeben von Jean Gyory. it 815

Lieber Vater. Eine Sammlung von Gottfried Honnefelder. it 231

Mütter berühmter Männer. Zwölf biographische Portraits. Herausgegeben von Luise F. Pusch. it 1356

Friedrich Nietzsche: ›Wie man wird, was man ist.‹ Ermutigungen zum kritischen Denken. Herausgegeben von Ursula Michels-Wenz. it 1096

Das Poesiealbum. Verse zum Auf- und Abschreiben. Mit Bildern und Vignetten. Ausgewählt und zusammengestellt von Elisabeth Borchers. it 414

Schlimme Hexengeschichten. Herausgegeben von Franz Rottensteiner. it 1380

Schwestern berühmter Männer. Zwölf biographische Porträts. Herausgegeben von Luise F. Pusch. Redaktionelle Mitarbeit: Jutta Wasels. it 796

Das Sommerbuch. Gedichte und Prosa. Herausgegeben von Hans Bender. it 847

Sommerferien. Geschichten für den Reisekoffer gepackt von Götz Silatan. it 1415

Sommerreise. Geschichten für den Urlaubskoffer. Gepackt von Götz Silatan. it 1506

Die Spinne. Ein Lesebuch mit schaurigen und schönen Geschichten. Mit Überlegungen zur Spinnenfurcht. Herausgegeben von Hanne Kulessa. it 1338

Über die Liebe. Gedichte und Interpretationen aus der ›Frankfurter Anthologie‹. Herausgegeben von Marcel Reich-Ranicki. it 794

Valentinstag. Ein Liebesgruß zum 14. Februar. Geschichten, Gedichte und Bilder. Herausgegeben von Klaus Thiele-Dohrmann. it 1381

Der versiegelte Engel. Erzählungen zu Ikonen. Mit farbigen Abbildungen. Ausgewählt und mit einem Nachwort versehen von Angela Martini-Wonde. it 1132

163/2/11.93